广东省人文社科重点研究基地——战略新兴产业共性技术政策与管理创新研究中心，
项目编号：2018WZJD007
广东省普通高校特色新型智库——工业互联网应用与产业集群升级创新研究院，
项目编号：2021TSZK012

广东省教育厅创新强校工程

产业共性技术形成机理与组织管理模式优化研究

周国林　伏开放　编著

复旦大学出版社

内容提要

本书基于市场理论结合博弈方法从供给和需求两条主线分析产业共性技术的形成机理,对产业共性技术的机理进行学理剖析。在对产业共性技术的供给形成机理、需求形成机理进行深入剖析的基础上,尝试建立供给与需求平衡的产业共性技术体系。通过对国内外共性技术组织管理的分析,全面、客观、真实、立体地展示产业共性技术的组织管理模式,尝试建立产业共性技术产学研联盟组织管理的创新模式。本书在学理上有助于提升产业共性技术的研究高度,首次基于市场理论结合博弈方法从供给和需求两条主线分析产业共性技术的形成机理,建立供给与需求平衡的产业共性技术体系,在空间和时间上动态地对组织管理模式进行变革和创新,并结合国家发展战略以粤港澳大湾区为特定区域结合产业发展,跨区域、跨产业深化研究粤港澳大湾区的产学研联盟组织管理创新,并进一步深化并推动技术经济学、组织行为管理学、公共管理学、产业经济学等学科的融合与互补。

前 言

当前,关于产业共性技术的研究侧重于产业共性技术的开发、制度与政策等方面,对共性技术的机理、评价、组织模式等细化的研究还缺乏深度和广度。虽然有少数文章谈及,但文章缺乏深入的学理探讨,流于浅层的感性认知,大都停留在现象描述和管理对策的传统框架。

1. 本研究的意义

(1) 理论意义。

综合运用技术经济学、组织行为管理学、公共管理学、产业经济学等学科的知识,从理论上全面深入地剖析产业共性技术形成的内在机制,在此基础上尝试优化产业共性技术组织管理的模式。本研究在学理上有助于提升产业共性技术的研究高度,首次基于市场理论结合博弈方法从供给和需求两条主线分析产业共性技术的形成机理,建立供给与需求平衡的产业共性技术体系,在空间和时间上动态地对组织管理模式进行变革和创新。结合国家发展战略以粤港澳大湾区为特定区域结合产业发展,跨区域、跨产业深化研究粤港澳大湾区的产学研联盟组织管理创新,进一步深化并推动技术经济学、组织行为管理学、公共管理学、产业经济学等学科的融合与互补。

(2) 现实意义。

产业共性技术是对整个行业技术水平、产业质量和生产效率都能够发挥迅速的带动作用,具有巨大的经济效益和社会效益的一类技术;或者是指在很多领域内已经或未来可能被普遍应用,其研发成果可共享并对整个产业或多个产业产生深度影响的一类技术。产业共性技术在实际应用价值上具有公共性、迫切性和广泛性,各国对它的重视程度都越来越高,我国政府也逐渐认识到产业共性技术在提升国家自主创新能力方面的重要性。我国最早在1983年的国家科技攻关计划中提出共性技术的问题,以后在"九五"时期、"十五"时期的科技发展规划中都出现了产业共性技术的重要论述,《国民经济和社会发展第十一个五年规划纲要》指出,要力争攻克一批具有全局性、带动性的关键共性技术。《中国制造2025》中明确指出,要加强关键核心技术研发,攻克一批对产业竞争力整体提升具有全局性影响、带动性强的共性技术,加速科技成果产业化。为进一步落实《中国制造2025》,工业和信息化部围绕制造业创新发展的重大需求,组织研究了对行业有重要影响和瓶颈制约、短期内亟待解决并能够取得突破的产业关键共性技术,通过研判国内外产业发展现状和趋势,研究提出了《产业关键共性技术发展指南(2017年)》。《国家中长期科学和技术发展规划纲要(2006—2020年)》指出,要着力突破重大关键、共性技术,支撑经济社会的持续协调发展。共享、联盟、创新成为当今时代发展的主旋律。为此,全国各地纷纷出台产业共性技术的相关政策与措施,然而,我国的产业共性技术管理措施仍处于探索阶段,企业维护自身的合法权益较为困难。不仅知其然,还要知其所以然,唯有深刻理解产业共性技术的生成机制和发展规律,我国才能更好地避免管理上的缺位、越位和错位。特别是当前我国正在进行经济结构转型,大力发展新兴产业,产业共性技术的组织管理显得越来越重要。例如,广东省设立广东产业共性技术重大科技专项,每年选择若干个产业,筛选共性技术,带动广东支柱产业上新台阶,提高支柱产业的国际竞争力;浙江等省也有类似的产业政策出台。在提升国家自主创新能力和经济结构转型的大背景下,以产学研战略联盟为依托的产业共性技术研发平台,如何在组织管理模式上继续深化改革,将为我国的自主创新事业奠定扎实的基础。在当今特别是粤港澳大湾区国家发展战的背景下深化这个跨区域、跨产业的产学研联盟组织的发展,更具有现实意义和应用价值,对国家经济发展有重要推动作用。

2. 本研究的目标

(1) 产业共性技术的供给和需求形成机理;

(2) 产学研战略联盟管理模式优化。

前人研究综述：

国内学术界对于产业共性技术的研究前期主要集中于产业共性技术的开发、制度与政策方面，后期主要集中于产业共性技术的组织管理模式上，但对产业共性技术机理研究目前还缺乏深度和广度，仅从供给机理的角度研究，缺乏对需求机理的研究，对共性技术的评价、组织管理模式等细化研究方面还存在着缺失。对产业共性技术形成机理对组织管理模式的变革和创新的研究比较少。

在共性技术的开发上，薛捷、张振刚（2006）认为产学研合作是产业共性技术研发的一种有效组织形式。他对美国、日本、欧盟和韩国在产业共性技术开发方面的基本情况和发展经验进行了归纳总结，提出我国在共性技术开发上应该采用"官产学研"合作组织的形式。夏振华（2007）则以传统或特色产业集群为基础，研究如何构建共性技术供给体系、服务平台。刘洪民（2016）提出了产业技术创新联盟的开发模式。卓丽洪、贺俊（2017）提出优势企业供给、集群企业技术联盟、共性技术平台供给和外部获取是产业集群共性技术供给开发最常见的四种方式。在不同的供给开发模式下，创新网络结构、主体功能和相应的制度设计都存在显著差异。最优的共性技术供给机制受产业集群市场结构和技术范式等因素影响。周国华、谭晶菁（2018）针对多阶段多方参与的关键共性技术，结合复杂产品特性，引入技术弹性和扩散度，提炼政府主导和市场主导两种开发模式，技术弹性或扩散度较小时，市场主导模式比政府主导模式更能有效促进产业发展；随着技术弹性和扩散度的增大，政府作为技术研发主导的优势逐渐凸显。陈秀英、刘胜（2018）提出服务产业空间转移带动下的服务业高端发展有利于促进城市发展质量提升。未来产学研开发应着力打破行政区划掣肘，进一步扩大服务产业对外开放，推动形成全面开放新格局，促进粤港澳大湾区城市群产业协同发展，服务国家战略发展。

在制度与政策方面，孙鳌（2005）认为政府在共性技术研发中应占主导地位，有效进行产业共性技术的组织、开发、扩散与应用离不开政府在制度与政策上的宏观调控。李纪珍（2006）认为在供给上存在供给主体动力不足，存在市场失灵的现象。陆立军（2013）提出认为要发挥产业集群的政策创新优势，提高共性技术的供给水平。徐涵蕾（2016）认为应该成立非政府组织形式的产业共性技术研究院和研究所,解决市场失灵的问题。曹霞、于娟(2017)提出产学研创新联盟的稳定发展对我国自主创新能力的提高具有重要推动作用。从政府资助、政府减免税收和政府考核三种政府治理途径入手,建立企业、学研机构和政府三方博弈的动态体系。周源(2018)提出市场化、多元化、协同化的共性技术扩散对我国制造范式升级产生了关键作用,这为我国产业政策向多元创新治理转变带来了启示。樊霞、黄研、朱桂龙(2018)认为不同技术领域以及不同国别的产学研合作创新效应存在显著差异。在发挥产学研合作积极作用的同时,应考虑不同技术领域特点和区域政策的情景差异,从而实现产业共性技术突破,提升产业竞争力。

在组织管理模式上,刘军跃(2003)以重庆摩托车企业为例提出产学研战略联盟的类型有契约型和股权参与型两种。朱桂龙等(2003)把产学研合作分为技术协作模式、契约型合作模式以及一体化模式。王英俊(2004)提出了"官产学研"的虚拟研发组织模式,并分为"产业牵引型""学研拉动型""政府主导型"三种类型。王雪原(2005)按照主体数量将产学研合作划分为点对点式产学研、点对链式产学研、网络式产学研模式。王文岩(2008)从政府作用的角度,认为产学研合作可以分成市场自发、政府引导和政府主导等模式。孙福全(2009)按照研发组织的持久性,即从弱到强,将产业共性技术研发的组织模式分为项目组织、技术联盟、研发基地和国家共性技术研究机构。李林(2011)认为产学研联盟的管理应重视组织的协调和沟通、文化的整合作用以及利益的合理分配。熊勇清(2014)提出了根据任务和情境关系提出了动态调整的双模型组织管理模式。高宏伟、肖广岭(2018)提出产业技术创新联合组织主体是由企业、高校、科研机构以及政府等以共建法人实体形式整合创新资源,开展共性技术供给与产业化以及提供技术创新服务的一种新型技术创新主体。联合主体的产生与发展对克服创新过程中的"市场失灵""组织失灵"乃至"系统失灵"具有重要意义。马莉莉(2018)认为大湾区产学研联盟合作建设应该结合国家转向现代化经济体系和"一带一路"建设的战略需要,发挥"一国两制"的新时代意义,以分立式协作的组织管理模式建构粤港澳战略支点体系,并从功能定位、内外分工支撑体系建构、公共治理创新等多层次展开建构,实现粤港澳大湾区有形城市群与无形战略功能的并进发展,切实助推"一带一路"倡议的建设、服务于国家发展大局。车密、原长弘(2019)基于联盟组合理论和中国转型情境,提出企业应该如何有效组织管理产学研联盟,从理论上将有效产学研联盟组合管理分为三个相继阶段:有效产学研联盟组合伙设计、有效产学研联盟组合构建和有效产学研联盟组合管控。较为全面地探讨企业产学研联盟组合有效管理提升企业自主创新能力作用机制的路径机理。

所以从文献上看,国内学者对产业共性技术项目组织与管理的前期研究侧重于产业共性技术的开发、制度与政策方面的领域,后期主要集中于产业共性技术的组织管理模式上,对共性技术的机理、评价、组织模式等创新研究方面存在着缺失,只有少数文章谈及,但文章缺乏较深入的学理探讨,流于浅层的感性认知,还停留在现象描述和管理对策研究的传统框架范畴。今后的研究应该从产业共性技术的需求和供给机理的深层次机理、机制方面进行研究,分析和研究产业共性技术的内在发展规律,才能更好地为产业共性技术的组织管理的优化配置和更好地为产业的实践服务。特别是从粤港澳大湾区战略的角度考虑跨区域、跨产业发展产学研联盟的研究更少。

在国际上,目前发达国家对共性技术的研究逐步达成共识,即在政府支持下,在财政上进行大规模的资助、在税收上实行抵扣等优惠、在法律上构建完善的保护体系,以国家研究机构为主导,如美国标准和技术研究院、日本先进工业技术研究院等,实施各种计划和战略,利用行政和市场的机制,联合学术界和产业界组成各种 R&D 的联合体,实施各类共性技术的计划和项目。伊莱亚斯(Elias,2000)认为,产学研合作作为一种跨组织的现象,其动机是共享知识,而信任和社会资本对合作成效有很大影响,重点在于如何设计一种好的跨组织的方式来确保知识最大程度的共享,这需良好的管理技能和组织设计能力。桑普森(Sampson,2004)从知识视角探讨了技术联盟的组织模式选择,金长苏(Kim Changsu,2008)等研究了技术联盟的成员吸收能力与组织学习绩效,阿瓦祖(Awazu,2010)从案例研究中描述了技术联盟的知识管理问题,金姆(Kim,2017)等研究了技术联盟中的共有专利问题。

当前国外学术界普遍认为产业共性技术产学研联盟组织模式合作成功的标准是产学研各方是否具有很强的创造知识的能力、知识流动和扩散的能力。因此目前理论研究上多从知识管理的角度研究和探讨产学研组织合作的方式。国外对共性技术的研究侧重在实际操作,产业共性技术产学研联盟组织模式已从松散的技术转让、技术咨询、委托开发等逐步过渡到较高级和紧密的一体化组织形式,如战略联盟、虚拟网络组织、学习型组织等,产学研合作更趋向长远性。

3. 研究方法

文献资料分析法、个案研究法、统计分析法、逻辑推理和演绎法。

4. 研究范围

首次结合供给和需求两条主线分析产业共性技术的形成机理,建立供给与需求平衡的产业共性技术体系,动态地对组织管理模式进行变革和创新。结合国内外产业共性技术的一些管理经验,创造性地优化了广东省的产业共性技术组织管理模式。

目 录

1 研究的主要内容与思路 …………………………………… 1
   1.1 主要内容 …………………………………………… 1
   1.2 研究思路 …………………………………………… 6

2 产业共性技术的概念、特征、分类及识别 ………………… 7
   2.1 相关基础概念 ……………………………………… 7
   2.2 产业共性技术的概念和特征 ……………………… 15
   2.3 产业共性技术的分类 ……………………………… 20
   2.4 产业共性技术的识别 ……………………………… 22

3 产业共性技术的供给模式 ………………………………… 26
   3.1 共性技术合作研发模式 …………………………… 26
   3.2 政府主导型的产业共性技术供给模式 …………… 27
   3.3 市场主导型的产业共性技术供给模式 …………… 29
   3.4 政府-市场结合共性技术供给模式 ………………… 30
   3.5 产业共性技术供给公私合作模式 ………………… 31

4 技术链视角下政府补贴对产业共性技术开发的影响 ………… 34
    4.1 问题描述与符号定义 ………… 34
    4.2 理论模型构建 ………… 36
    4.3 算例分析 ………… 48
    4.4 结论 ………… 55

5 产业共性技术的形成机理及供求平衡 ………… 56
    5.1 产业共性技术形成的供给机理 ………… 56
    5.2 产业共性技术形成的需求机理 ………… 59
    5.3 产业共性技术的失灵分析 ………… 63
    5.4 产业共性技术的供求平衡与协调 ………… 70
    5.5 产业共性技术的供求案例分析 ………… 71

6 产业共性技术产学研组织管理模式的优化 ………… 77
    6.1 我国产业共性技术产学研组织管理模式的现状及存在的问题 ………… 77
    6.2 国外产学研组织模式现状及存在的问题 ………… 82
    6.3 广东省共性技术产学研组织管理模式的现状、特征及存在的问题 ………… 93
    6.4 产业共性技术产学研组织模式的优化思路 ………… 98
    6.5 广东省产业共性技术产学研组织模式的具体方式 ………… 105

7 广东省产业共性技术产学研联盟的发展战略与政策选择 ………… 124
    7.1 广东省产业共性技术产学研联盟的发展战略 ………… 124
    7.2 广东省产业共性技术产学研联盟的政策选择 ………… 127

8 结论 ………… 134

参考文献 ………… 137

1

研究的主要内容与思路

1.1 主要内容

1.1.1 区域产业集群发展

鉴于产业共性技术发展需要多方协作的特性,它也成为促使产业集群形成的一个重要因素。从目前市场竞争来看,企业取得新技术的途径主要有三种。一是企业自主开发,即由企业投入人力、财力和物力进行技术开发,获取新技术。但这要求企业有较强的技术和经济实力,企业进行技术开发需要很大的投入,而且企业进行技术开发的投入属于沉没成本,这就导致研发活动是一种高风险行为。由于技术开发的高投入和高风险性,造成了企业对研究成果进行保密,使技术表现出不完全流动的特性。二是向其他企业购买,这要求企业有更强的经济实力,并有企业愿意出售。在当前这种激烈的市场竞争中,企业一般不愿意出售新技术,即使有的企业愿意,售价也会十分昂贵,而且其出售技术的技术水平也会有所保留。三是向其他企业学习和共同研发。学习和共同研发不但能以较低的成本得到新的技术,降低单一企业的风险,而且可以有效地提高企业自身的技术水平,为技术的进一步开发打下良好的基础。在学习和共同研发新技术的过程中,形成产业集群或向产业集群靠拢成为企业追寻产业技术的一个有效模式。如果企业单独设厂,它很难学习到其他企业保密的新技术;如果企业选择进入产业集群,该企业与其他企业聚集在同一个区域,它所雇用的职工同其他相同或相关企业的职工毗邻而居,雇员们可能共同参加一个俱乐部,技术人员、管理人员还可能从一个公司跳槽到另一个公司,企业职员的频繁交往和流动,通过正式或非正式的交流,使集群内企业的技术知识、管理经验、供求信息等在集群内扩散。因此,一些企业为了向其他企业学习高新技术,选择进驻高新技术企业分布的区域,通过正式的或者非正式的途径,获取所需的高新技术。并且,企业聚集在一起可以进行联合开发,从而降低开发风险,使整个产业受益。从这层意义上讲,对产业共性技术追求促进了产业集群的形成。

以广东省为例,由于产业共性技术自身的特征在促进产业集群形成中起到了重要作用,而产业集群在发展的过程中又促进了产业共性技术的发展,从而促进了整个产业的发展,推进了广东省区域经济的提升。在研究产业共性技术对区域集群影响的基础上制订相应的政策,对促进广东省区域经济的发展具有重要的意义,因此提出以下政策建议引导产业集群的形成和发展。①建立多种模式的区域产业共性技术服务体系,各地要根据广东省各区域的经济水平、资源特色积极引导产业集群的形成,提高特色产业竞争力。②借鉴国内外产业共性技术研发的各类组织模式,建立依托于国际合作、政府支持、民间组织的各类产业共性技术研发机构,进行产业共性技术的研发和创新。③制订地方创新规划,设立必要的扶持基金。地方政府要结合各类特色产业在区域经济中的地位和作用,针对特色产业当前发展面临的最紧迫的共性技术问题研究制定"广东区域共性技术选择计划",按计划选择重点技术项目,并予以重点支持。通过多渠道融资建立广东特色产业共性技术开发基金,专门用于支持广东各地特色产业共性技术开发,增加对共性技术发展的资金支持力度。④建立产业共性技术创新平台。围绕产业共性技术研发、技术转移、成果应用等建立广东省产业共性技术创新平台,促进产业共性技术创新和扩散,从而促进广东省产业集群的发展,达到促进广东区域科技、经济的发展。

1.1.2　企业自主创新能力提高

共性技术介于基础研究和应用研究之间,是企业后续的竞争性技术研发和自主技术创新的基础,对企业技术水平和自主创新能力提升具有重要意义。

共性技术创新对自主创新的促进作用主要表现在以下三个方面。

第一，共性技术是竞争前的、基础性的技术，是企业形成专有技术的基础，是企业技术储备的关键，为企业后续的技术研发、推广及应用提供技术基础和支持。由于具有外部性，其研发成果可能扩散到其他部门或领域，形成新的技术平台。技术创新平台可以突破单个企业的有限创新能力和创新积极性的制约，支持单个企业的自主创新活动，从而提高整个产业技术能力，由于共性技术能创造良好的外部效应，也能减少其他企业从事技术创新的风险。企业出于对利润的追逐，在共性技术的基础上结合自身的优势，寻求现有技术有效突破和升级，形成核心技术，巩固和提升其市场地位和竞争优势，在获得利润的同时也提升了核心竞争力和自主创新能力。共性技术研究是研发到产业化应用的关键阶段，对其进行有效的组织和管理将促进科技创新能力的极大提升，提高自主创新能力，有利于科技创新系统的形成和完善，促进经济增长方式的转变，有助于实现广东经济的可持续发展。

第二，由于完善的知识产权保护制度是企业从事自主创新的重要条件，在完善的知识产权制度的保护下，企业有强烈的动机对市场需求进行理性的分析，制定发展目标，以共性技术创新或以共性技术创新平台为基础，改进原有技术或者研发创新出新技术，这不但有利于企业优化资源配置，对行业共性关键技术和一般性技术实现突破式创新，也是实现产业技术进步和提高企业自主创新能力，形成企业自主知识产权和核心竞争力的重要途径。共性技术的有效供给能够解决生物技术、信息技术等新兴战略性技术领域的关键技术问题，同时能解除装备、冶金、纺织等传统行业发展的技术瓶颈制约，从而能有效地提升相关产业的技术水平和创新能力，促进相关产业的迅速增长。

第三，具有技术、资金优势的企业由于在行业中具有重要地位，会主动参与到共性技术创新中，一些项目中可以获得政府的资助，而且创新完成后会得到全部或部分的知识产权，进而得到经济利益。同时它的创新氛围和意识会增强，会更加积极地营造创新环境，如加大技术研发的投入，创新型技术人才的培养、引进，先进技术设备的引进、研发等，促进自主创新能力的提升。共性技术研究是基础研究成果迈向市场的第一步，其有效供给为企业进一步进行商业化技术创新提供技术基础和源泉，企业都要在共性技术这个"平台"上进行后续的商业开发,最终形成企业专有的产品和工艺。因此,对共性技术研究的支持能有效地促进企业的成长,促进形成大规模、有国际竞争力的大型龙头企业,以此促进产业和国家竞争力的提升。企业成长还能增加商品和服务的有效供给,提高质量,满足人们的消费需求。近年来,广东省区域经济发展迅速,形成特色产业优势,但目前这些特色产业优势面临弱化的风险。广东区域共性技术的有效供给,有利于解决这些产业发展的关键技术瓶颈,打造全面升级的技术平台,从而促进广东区域的创新能力提高和广东经济社会的发展,同时为广东企业的国际化发展拓展新的空间和提供技术基础。

1.1.3 产业共性技术供给与需求形成机理及组织管理模式的变革和创新

产业共性技术的市场失灵即共性技术的外部性导致纯市场机制的共性技术供给不足。产业共性技术具有公共产品和私人产品的双重性质,称为"准公共产品"。对共性技术的主体和创新机制进行研究后发现,共性技术的纳什均衡供给小于其帕累托最优,说明完全的市场机制将导致共性技术的投资不足,即共性技术的外部性导致市场机制作用下共性技术供给的不足。另一方面,从需求看,随着科技体制改革的深入、科学技术的发展和空间上产业集群的形成,跨产业技术进步和产业技术创新凸显更加重要的地位,政府和大型企业对产业共性技术的需求越来越多,因此,产业共性技术供求之间量的矛盾和结构性矛盾就显示出来。只有考虑供给和需求的动态平衡,才能使利益最大化。这种动态平衡要求组织管理模式不断变革和创新。

1.1.4 产业共性技术平台(产学研战略联盟)现状研究和组织管理模式优化

通过对国外(日本、美国)产业共性技术的项目组织管理模式的比较研究和对广东产学研战略联盟的项目组织管理的案例与实证研究,笔者提出我国产学研战略联盟的项目组织模式的改革与创新,运用矩阵的组织管理模式、项目的动态网络组织模式等进行管理的创新。

中国产学研战略联盟建立时间短,缺乏借鉴经验,特别是科技、教育和经济之间的体制阻隔问题,产学研战略联盟合作主体动力不足、各谋其利、利益缺乏整合等问题。产学研战略联盟的组成主体具有多元化的特点,因此他们对于技术成果的研究目标及最终成果的扩散分享都可能产生分歧。解决这一问题的关键就是要设置合理的组织管理方式,在原来的组织管理模式上进行优化。建立有联盟成员共同参与管理的组织结构,即组建产业共性技术管理委员会,这种共同参与的管理方式有利于各成员间信息的畅通和资源的高效配置,保证共性技术平台的平稳运行还必须在产业共性技术管理委员会下要设立中心实验室,其成员来自共性技术平台的成员单位的技术负责人和专家,下属的项目小组可以由各联盟成员抽调人员组成,在有必要的情况下可以引进外部科研人员帮助解决相关问题。大学、科研机构以及各成员企业的 R&D 机构也应承担一定的研究项目,以充分利用各成员的科研资源,对于各成员都不擅长的领域,则可以以合同形式外包给外部科研机构进行研究。中心实验室作为产业共性技术联盟的中心节点和指导小组,将分散的研发团队联结起来,保证项目团队与共性技术平台决策层的信息沟通,同时负责整个项目实施的进程控制与管理,并协调各个研发团队之间的任务职责和利益冲突。这种组织管理既可保证各个模块的独立性和创造性,也可保障整个研发项目的整体性和协同性。

1.1.5 不同发展阶段产业共性技术组织管理模式研究

在产学研具体合作模式的初期阶段,企业的技术创新能力比较弱,技术需求所要求的层次也较低。在供给方面,科研院所的技术比较充足,所以,技术转让是产学研合作的初期阶段的主导模式。在产学研合作模式的快速发展阶段,随着产学研合作的深入,可能会出现技术市场上有效技术供给不足,工程化的、成熟的技术存量不足的情况,此时,仅仅依靠市场交易并不能满足企业的技术需求,所以,产学研合作需要更紧密的组织模式。在企业没有相应基础技术能力的情况下,企业在此阶段可以选择委托开发的形式满足技术需求;如果企业具备一定的研发能力,在此阶段可以选择与科研院所共建研发机构或者采取合作开发的合作模式,通过更早地参与到研发过程满足自身的技术需求。在产学研合作的高级阶段,合作模式会进一步演变,技术上的互相依赖以及资源上的优势互补会推动产学研合作进入紧密的经营实体阶段。共建经营实体是产学研合作的最高阶段,绝大多数共建经营实体采用股份制企业的组织体系和更加高效的管理方式进行运作。共建实体的实践表明,通过与科研院所的长期合作,企业与科研院所能够提高自主创新能力,实现经济利益上的双赢。

1.2 研究思路

全书的研究思路如下:

(1) 全面搜集产业共性技术与组织管理等相关研究论文,为本书的研究对象做好前期的理论铺垫。主要采用文献资料分析法。

(2) 全面搜集国内外产业共性技术项目组织管理的重要个案,并对其作详细梳理和提炼,从而为产业共性技术的组织管理方法的改革和创新提供借鉴。主要采用个案研究法、统计分析法。

(3) 根据产业共性技术的特征,研究产业共性技术的供给和需求形成机理。主要采用统计归纳法、逻辑推理和演绎法。详见图1-1。

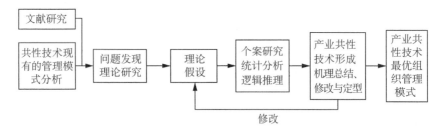

图1-1 本书的研究思路与方法

2 产业共性技术的概念、特征、分类及识别

2.1 相关基础概念

2.1.1 科学和技术的概念

讨论共性技术,不能不涉及科学与技术这两个截然不同的概念。它们的区别表现在科学和技术的词源与定义的不同上。第一,从词源上看。"科学"一词来源于拉丁文 Scientia,本义为"学问""知识"。明治维新时期,日本学者福泽谕吉为了翻译英文单词 Science 而新造了"科学"这一概念。"技术"一词源自古希腊语中 Techne(意为工艺、技能)和 Logos(意为词汇、讲话)两者的结合,表示讨论研究技艺问题,例如,亚里士多德就称技术是制造的智能。17 世纪,"Technology"一词在英国第一次出现时,它只是被用来表示对应用技艺问题的讨论,而后"技艺(Technique)"逐步发展为"技术"一词的对应物。第二,从定义上看。尽管人们先后从各种不同的角度来定义科学,但其主要内容不外有两个:一是将科学视为人们对于客观世界的认识,是反映客观事实和规律的知识体系;二是将科学视为一种社会活动,是发生在人类社会的一系列行为,是为能够反映客观事实和规律的知识体系所进行的一系列社会活动。本书采用《美国百科全书(国际版)》对科学的定义:"系统化的实证知识,或者说

是在不同地点被视为实证的知识。"

"技术"这个词在不同场合和不同研究领域中的含义不尽相同,对技术的定义也有多种方式,例如,技术是科学的应用;技术是一种过程;技术是一种结构;技术是知识等。《新大英百科全书》认为,技术就是"人们用以改变或者操纵其环境的手段或活动"。另外常见的一种定义则是从技术的产生过程来定义的,认为技术是通过研究与开发把科学知识应用到商品生产和服务的过程。这个过程可以表示为:科学知识—研究开发—新产品新工艺—生产—销售。这一过程构成技术应用链。本书采用《新大英百科全书》的定义。

2.1.2 科学和技术的关系

在古代,技术先于科学,技术是人类在改造客观环境的漫长岁月中发展起来的手段和活动,尚不是科学理论有意识地运用。就科学与技术的关系来讲,在一个很长的时期中,两者是作为两个不同传统独立发展着的。科学作为一种精神传统,其主要体现者是学者;技术作为一种实践传统,主要为工匠所发扬。近代科学研究建立在实验基础上,其研究方法主要是实验和归纳,这种特点要求科学家既要具有学者的知识,还要具备工匠的技巧,以便制造实验所必需的工具和仪器,这便导致了科学与技术的接近。但是在产业革命以前,科学与技术还是分离的,它们的发展是互相脱节的,技术上的进步主要依靠技艺的提高和改进,技术先于科学在发展着。因此,常常出现这样的情况:在科学理论上还没有搞清楚的东西,在技术上却可以实现它。蒸汽机虽然在1768年经过瓦特改进已达到了生产实用阶段,并在1782年就造出了比较完善的往复式蒸汽机,但作为其理论根据的热力学理论却直到19世纪中叶才建立起来。与此同时,也可能在科学上早已发现的理论,在技术上却很久不能实现。如法拉第等人在1831年就发现了电磁感应现象,并建立了电磁感应定律,为电力技术打下了理论基础,但是直到1867年才完成了发电机和电机制造技术。从19世纪末20世纪初开始,特别是第二次世界大战以后,已不是科学和技术谁先谁后的问题,而是进入科学与技术互相促进、共同作用的科学技术时期。科学上的新发现、新理论迅速在技术发展中得到应用;新技术及技术上的需求,又促使人们发现新理论、新规律。

当前，人们经常将科学和技术统称为科学技术，而且已经习惯把"科学技术"连成一个词而广泛使用。科学和技术本身虽有很多区别，但更多的是联系：

（1）科学对技术具有理论指导作用，科学与技术不是彼此孤立，而是互为前提、互相依靠的。科学对技术的理论指导作用主要表现在两个方面：

① 一般理论能提高人的思维能力。基础理论为技术研究提供科学理论根据，开辟新的技术研究领域，为技术创新做各种知识准备。牛顿的经典力学，把一种机械观变成了人类常识，指导工程师和工人们解决一系列宏观世界的技术问题；爱因斯坦的相对论把人类从机械观的禁锢中解放出来，进一步指导着人们去解决微观世界的技术问题。

② 科学理论推进技术和生产力的发展。爱因斯坦的相对论、卢瑟福和波尔的原子模型等为揭示原子核结构以及原子核裂变规律开辟了道路，从而把人类带入了原子能时代和电子技术时代。

（2）技术对科学具有促进作用。技术对科学发展的促进作用主要表现在三个方面：

① 许多科学课题是由技术发展的需求提出来的。当现有技术不能满足生产的需要时，当新技术发明过程中碰到理论问题时，当技术使用实践中出现不确定的新现象时，都必须反馈到基础科学中来，向基础科学提出新课题。例如，半导体理论就是从晶体管的发明与改进中发源和逐步完善的。

② 现代科学依靠高技术而发展。没有雷达技术和射电望远镜，射电天文学不可能诞生，现代天文学一系列重大发现和相关新宇宙理论的建立都是不可能的。没有电子显微镜，没有 X 光衍射技术，分子生物学只能是一句空话。

③ 科学通过技术才能促进经济发展；只有经济发展了，才能提供更多的资源、资金促进科学的发展。人类登月问题在理论上牛顿就已解决，但是只有在现代社会的经济和技术能力基础上才能实现，从而导致了空间科学的蓬勃兴起。

综上所述，科学和技术是两个既有本质差别又有内在联系的概念。在现代，随着科学技术化日益加强的趋势，科学和技术已成为一个有机的整体，有时很难在它们之间划出一条明确的界线。科学与技术趋同化和一体化的趋势越来越明显，因此，很多人指出在现代社会里严格区分科学与技术并没有什么意义。

2.1.3 技术的特性

技术的特性是指技术本身所固有的性质和特点。技术的特性对于企业在取得该技术的过程中，会产生不同的交易难度，进而导致较高或较低的交易成本。技术的特性很多，本书总结技术的特性为如下六个方面：

(1) 隐含性。技术可以处于相对高度条理化的状态，可以通过正式语言(数学的、化学的和计算机的等)，用图纸、模型、专利文件、教科书和其他科学语言进行描述和承载，但也有很多技术难以用文字语言来清楚地表述，具有高度个性化、难以规范、不易传递等特点，因而必须通过"干中学"才能完全掌握。由于技术的隐含性，企业对技术的占有性越大，越倾向于通过非契约方式与他人合作和技术转让。

(2) 复杂性。技术是复杂的，技术系统化的特点以及技术之间的相互依赖更加剧了技术的复杂性，也就是说，技术要完全发挥功能或者实施成功的创新，必须在很大程度上依赖其他互补性技术。

(3) 累积性。技术通过应用得到不断的发展和丰富。国家和企业技术能力的提高也不是一朝一夕能够达到的，必须经过长期的积累过程，特别是技术的研究开发。即使技术是通过外部得到提高的，由于技术在获取过程中涉及信息收集、甄别和交易等过程，因此，企业要顺利获取技术，必须自身有一定的技术能力。

(4) 不确定性。技术的不确定性表现为难以决定哪一条技术路径能够实现最终的目标，哪条技术路径是达到预定目标的最佳途径；研究开发出来的技术是否为企业所需，是否真正能够转化为生产力等；当存在技术替代现象时，或者在技术开发成功之后由于其他企业的大量模仿等也导致技术的不确定性。

(5) 目的性。技术是比科学更为直接的生产力，技术与实际目的相联系，即技术的产生是为了解决实际中的某个问题，或为使实际中某一技术的绩效得以提高。一般还要求能达到一定的新颖性和创造性，在一段时间内不易被他人总结和研究出来。

(6) 网络延伸性。一般而言，一种技术越被采用，被使用得越多，对它的了解也越多,它就越被开发和改进,特别是对不偏好风险的人来说,技术流传越广越容易理解和被采用。同样,一种技术为与其他该技术的采用者提供了好处,即属于同一网络内的技术,例如,视频技术 VHS 的用户越多,VHS 技术的采用者就越可能从 VHS 录制的产品中受益,并容易获得更多的 VHS 产品。另外,技术的网络延伸与网络技术的进步密切相关,网络技术的飞速发展极大地促进了技术的网络延伸性的体现。

2.1.4 科学技术与研究开发

研究开发(Research & Development, R&D),按照经济合作与发展组织(OECD)的定义,是为了增加知识量,进行人类文化和社会知识的探索,以及利用这些知识去发明新用途,进行创造性工作。研究开发中的"研究",既包括对已有知识的继承和借鉴,也包含对未知问题的探索和发现;研究开发中的"开发",则是将科学知识应用于生产或其他社会实践的创造性活动,研究开发因此而成为不可分割的整体性工作,这一工作根据分工和社会需要的不同形成了不同的门类。通常情况下,根据研究开发的性质、目的、应用和过程划分,可将研究开发分为基础研究、应用研究和开发(试验性发展)。对基础研究、应用研究和开发作出明确的原始定义(也影响最大)的是第二次世界大战时期的美国科学研究发展局局长 V. 布什,现今各种对基础研究和应用研究、开发等的解释或定义与 V. 布什的观点都是基本相同的。1945 年,V. 布什在《科学:永无止境的前沿》的研究报告中,提出基础研究是不考虑应用目标的研究,它所产生的是普遍的知识和对自然及其规律的理解,但基础研究确立应用研究的方向;应用研究是有目的地为解决某个实际问题提供方法的研究,应用研究以创造和研制新产品、新品种、新技术、新方法、新流程、新规范为目标;开发则借助于基础研究和应用研究的成果,通过对材料、装置、系统、方法和过程等的有秩序的实用性研究,将理论形态的成果扩展为中试、定型设计、小批量生产等。V. 布什非常强调基础研究的重要性,他认为:"基础研究是技术进步的先行官,一个在基础科学知识上严重依赖于其他民族的国家,它的工业进步将是缓慢的,它在世界贸易中的竞争地位将是虚弱的。"

2.1.5 技术的层次与共性技术的提出

技术可以从多个角度、按不同的标准分类。比如,按技术的生产要素特征,技术可以分为劳动密集型技术、资金密集型技术和知识密集型技术;按技术的功能,技术可以分为生活技术、生产技术、管理技术、决策技术和服务技术。

在上述科学技术和研究开发综述的基础上,国内学者李纪珍提出,按技术的发展过程看,技术可以划分为实验技术、共性技术、应用技术和专有技术。如图2-1和图2-2所示。

图 2-1　技术的发展过程

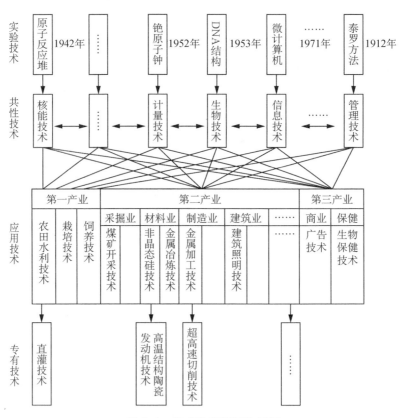

图 2-2　技术的发展层次举例

这种区分的一个最为明显标志是,实验技术为单个个体(或者少数个体)所需要并开发,而到了共性技术,开始变为大多数个体(甚至所有个体)所需求,在应用技术阶段,即在共性技术基础上派生出多种多样的应用技术,每一种应用技术为该领域内的部分个体所应用和开发,最后达到专有技术阶段,即为单个个体所拥有(有些个体没有专有技术),并可能成为该个体的核心技术。需要指出的是,图 2-1 只是一种简单的发展过程区分,并不是说技术的发展阶段一定会遵循这个规律,实际过程是非常复杂的,并不是如图 2-1 所示的简单线性关系。

共性技术的提出基于以下原因:

(1) 现代社会里科学和技术的一体化趋势,特别是技术的产业化趋势,决定了 R&D 机构在研究开发时,会感觉到单个个体的能力有限,单个个体不能,也不现实地独立完成从基础研究到技术开发的一系列研究开发工作。

(2) 在科学技术快速发展、一体化趋势越来越强、技术的交融与同质在增加的今天,由应用激发的有导向的基础研究越来越多,交叉研究的趋势越来越强,而且任何一项重大的研究都离不开社会特别是政府的支持。但从政府和企业的关系看,政府关心的是研究开发活动及其后的产业化,以及与此相关的教育发展,最终反映的是以完善知识为目的的基础设施建设;企业则只关心开发活动以及与此相关的生产和面向使用者的消费利益。政府与企业关注点和定位的不同,决定了研究开发链需要进行明确的区分,并促进专业化的加强。再从完整的研究开发链,以及从技术的外部性、公共物品属性和商业的独占性的强弱来看,政府所关注的是基础科学、应用科学领域和实验技术这一部分,企业研发的是后面的应用技术、专有技术及其商业应用,这中间存在一个空白的盲点,即共性技术,如图 2-3 所示。这一盲点区域的存在会延误技术应用链的制度性供给。

在产业技术供应链中,共性技术研究是基础科学研究成果迈向市场的第一步,其供给的有效性为企业进一步进行商业化技术创新提供技术基础和源泉,企业都要在共性技术这个平台上进行后续的商业开发,形成企业专有的产品和工艺,最终进行良好的商业应用。

在我国科技与经济"两张皮"的现象还没有得到根本解决之前,直接将大量科研院所推向市场的做法,显然没有考虑到科学技术与经济增长之间的关系是多层次、多环节的,让人有惊险的一跳之感。因此,只有摆脱传统的要么

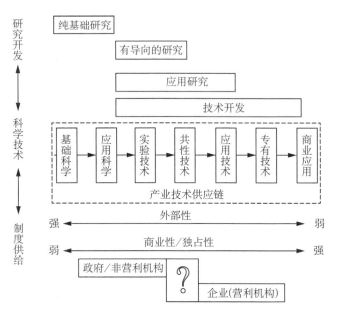

图 2-3 科学技术与研究开发之间的关系

是基础研究、要么是应用研究的简单逻辑,才能进一步认识到由求知欲引导的基础研究在本质上同以实用为目标的应用研究之间的潜在依赖性,并重新认识到这一区分对制定国家政策、提高技术竞争力的重要意义。

由于以上原因,不同的层次需要不同的研究开发组织结构和机制。这样就产生了一个问题,即由于研究开发的分层走向使得需要专门的机构来研究开发一类特殊的技术——共性技术,而中国目前的实际情况是大量科研院所转制为企业运作,这样,共性技术的研究开发会出现制度空洞。从制度上说,共性技术处于政府(包括非营利机构)和以企业为代表的营利机构的中间地带,它既不是纯粹意义上的公共品,也不具备商业上的独占性,很容易出现营利机构和非营利机构都不供给的局面;从另外一个角度看,科学技术的交融使得处于中间地带的共性技术包含的知识众多,这样,单独的企业或者政府经常会感到供给上力不从心,出现组织失灵,也会导致制度上的"无人"供给。

因此,从这个角度看,由于科学技术的一体化趋势和研究开发的分层次走向,研究共性技术的供给和需求具有重要的战略意义。

2.2 产业共性技术的概念和特征

目前,学术上对共性技术还没有一个统一的定义,国内又常称共性技术为产业共性技术。共性技术第一次被明确定义是在 1988 年美国 ATP(先进技术计划)上:一种有可能应用到大范围的产品或工艺中的概念、部件、工艺或科学现象的深入调查。在这个定义中,共性技术及与之相对应的专有技术是就它们所服务的范围来说的。共性技术使能和服务多用户的平台技术属性,使其通常处于一国技术创新链的基础性地位上。

1992 年,美国国家标准与技术研究院(NIST)的经济学家塔西(Tassey)提出一个用于科技政策研究的技术开发模型,1997 年后被称为以技术为基础的经济增长模型(图 2-4)。围绕该模型,塔西将技术分成了基础技术、共性技术

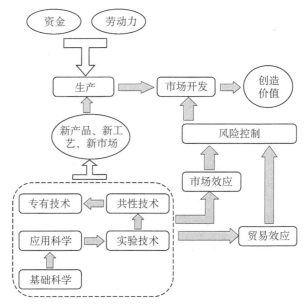

图 2-4 以技术为基础的经济增长模型

和专有技术,由此提出了共性技术(Industrial generic technology)的概念。自此之后,尽管国际上有通用的称谓,许多国家也将支持共性技术研究作为科技政策的一项重要内容,但国际上并没有一个统一的共性技术定义。

日本产业技术研究院从技术的产业化前景、技术的创新风险、技术的潜在市场应用机会及技术的预期经济影响四个方面来判断一项技术是否是产业共性技术,并认为产业共性技术是基础性研究,涉及标准化、测量和标准化技术方面等。英国政府认为共性技术是能够影响其他一系列技术发展的一类密切相关的技术,共性技术的研究开发能够使国民经济发展中的多个经济部门和社会部门同时受益。

国内学者李纪珍认为,产业共性技术是指在很多领域内已经或未来可能被普遍应用,研究成果可以共享并对整个产业或多个产业及其企业产生深度影响的一类技术。陈玉瑞等认为,共性技术是指该技术与其他技术组合可导致在诸多产业领域的广泛应用,能对一个产业或多个产业的技术进步产生深度影响的技术,是建立在科学基础与基础技术平台之上的,具有产业属性的技术,是技术产品商业化的前技术基础,是不同企业专有技术的共同的技术平台。

从开发阶段角度来看,普林塞浦(Prencipe)等认为共性技术具有公共产品的性质,是衔接基础研究和应用研发的桥梁;塔西认为共性技术是一种处于竞争前阶段的技术;卓丽洪等认为共性技术是工业应用性技术开发的技术基础,为后续的、具有直接市场应用价值的工业开发提供技术可行性。从影响范围角度来看,徐冠华认为共性技术是对经济和社会效益产生巨大影响的技术,且能对技术水平、生产效率等起到较强的带动作用;余维运等认为共性技术是对技术进步、经济和社会发展产生较大影响的,可在至少一个领域内获得广泛应用的技术。从涵盖角度来看,韩元建等认为共性技术是介于基础研究和竞争性开发活动之间的用于生产或改进产品、工艺或服务的技术知识集合。

与专有技术和基础技术相比,共性技术在产业技术链上位于基础技术研究的后一阶段,专有技术研究的前一阶段,起到过渡作用。共性技术介于公共产品和私人产品之间,是准公共产品,基础技术的创新主体主要是高校和科研院所,而共性技术的创新主体以官产学研为主,仅依靠财政资金支持远远不够，还需要引导社会资本投入，同时兼顾国家、产业、企业等多方的利益。专有技术则以企业自身为中心，是私人产品。基础技术研发通过国家科技计划实施，目的是提高国家科研实力，为产业技术链中下游的技术研发奠定基础，共性技术在基础技术的基础上由科技计划推动或企业自主进行研发，以提高产业技术水平，增强产业竞争力，促进产业发展和企业技术创新为主要目的，专有技术则由企业自主研发，以提高自身的市场竞争力和技术水平。就创新风险而言，基础研究的风险相对较小，共性技术研究的风险较大，专用技术的研究风险大。

产业共性技术作为准公共科技产品，具有研发和投资周期长、持续投入性、知识外溢性及收益水平不确定性等特性。目前产业共性技术供给不足、供给效率低及政府控制力度难掌握等问题制约着我国技术更深层次的进步和发展。

根据共性技术对国民经济的重要程度和外部性大小，可以将共性技术划分为关键共性技术、基础性共性技术和一般共性技术。关键共性技术是对整个国民经济有重大影响的技术，关键共性技术的突破能带动多个产业的技术升级，影响面最广，经济和社会效益最明显。基础性共性技术是指测量测试和标准等技术，这类技术为产业技术进步提供必需的基础性技术支撑。其他的共性技术均被称为一般共性技术，这类技术带来的社会经济效益没有关键共性技术大，市场失灵程度也相应较低。

国内已有的定义主要可以归纳为两种。第一种是从共性技术所处的技术研发阶段出发，即将技术分解为实验技术、共性技术、应用技术和专有技术，或者提出共性技术处于基础研究之后的第二个基础技术研发阶段。第二种定义是从共性技术的影响范围出发，如共性技术是对整个行业或产业技术水平、产业质量和生产效率都会发挥迅速的带动作用，具有巨大的经济和社会效益的一类技术，或者是指在很多领域内已经或未来可能被普遍应用，研发成果可共享并对整个产业或多个产业及其企业产生深度影响的一类技术。国内目前比较多的是这种定义。

共性技术在技术体系中具有特殊的地位，产业共性技术具有以下特征。

2.2.1 基础性

共性技术和基础技术构成技术的基础设施,是企业专有技术开发、商品化和市场化的基础。从研发过程来看,共性技术在产业技术体系中具有承上启下的作用,相对企业而言,专有技术属于"竞争前技术",也是基础科学研究成果迈向市场应用的第一步。一般来说,某产业的共性技术在其所关联的产业部门中处于比较基础和关键的位置,只有在共性技术得到较为成功地解决后,其他技术才能在它的推动下一起迅速实现新产品、新工艺的创新。

2.2.2 共享性

产业共性技术是为产业多个企业而不是单个企业服务的共享的开放平台。由于共性技术不具有竞争性和排他性,导致其产生的私人收益要远远低于社会效益,并在价格和知识两个方面产生外溢效应,可在一定范围和领域通用和共享,并对一个或多个产业、企业和用户的技术进步产生深度影响,对整个行业技术水平、产业质量和生产效率发挥迅速带动作用。共性技术的共享以技术知识为内容。共性技术为一个或多个相关产业的二次技术创新提供基础技术平台,因此,其对相关领域技术的发展具有广泛的渗透性和辐射性,即共性技术具有共享性或通用性。

2.2.3 风险性

产业共性技术往往涉及多个技术领域,存在开发周期长、资金规模大、预期收益波动大等问题,再加上产业共性技术的超前性等多方面原因,导致产业共性技术具有风险性这一特征。共性技术被广泛应用到产业的各个领域是一个比较漫长的过程,这个过程也是多学科知识和多产业相融合的过程,充满了不确定性。另外,产业共性技术到专有技术的转化过程受到技术水平和生产力水平的影响,技术实现的过程需要进行深入的探索,存在研发失败的可能性。产业共性技术的阶段技术风险、投资风险和市场风险都比较大。伊万斯(Evans)通过分析美国社会资本投入科技活动的整个过程,认为共性技术研究阶段的风险最大,将其称为科技投入的"死亡谷"。因此,产业共性技术的研发需要多方合作,共担风险,共享收益。

2.2.4 外部性

由于共性技术在技术链中的基础性地位,导致了共性技术研发企业不能阻止共性技术给其他企业带来收益,这一特性就是共性技术的外部性。共性技术的外部性主要体现在两个方面:第一是指若专有技术研发企业没有对其应用的共性技术进行研发投资,而是免费共享了该共性技术,这个专有技术研发企业就获得了外部性收益;第二是指专有技术研发企业在共性技术的基础上进行专有技术研发时,会开发出一些新的共性技术,这些新的共性技术也能被其他相关产业的企业应用,这样的交叉关系使得技术网中的每个企业都能获得外部性收益。共性技术的成果容易扩散到其他企业或产业,最后成为社会公有技术,这导致了共性技术研发企业不能完全占有其研发成果带来的全部收益,在一定程度上降低了企业的研发积极性。

共性技术在产生之后会进行扩散,扩散的过程遵循曼斯菲尔德(Mansfield)提出的 S 型技术扩散曲线。在技术刚刚进行扩散的阶段,扩散速度较为缓慢,随着新技术不断被应用,技术不断趋于成熟,当技术扩散到达某一水平后,扩散速度不断加快,在达到峰值后逐渐放缓,最后扩散速度趋于零,技术得到较为普遍的应用。共性技术扩散不是简单的线性传播,而是呈现网络结构,正是由于其关联性和外部性导致了这种特有的网络特征。扩散网络以共性技术为中心,按关联程度向相关领域散开,共性技术的关联性和外部性共同决定了扩散的影响面。由此产生的网络效应将创造可观的经济效益和社会效益。

2.2.5 超前性

从科学技术转化为生产力的过程来看,技术商品化经历了基础研究、应用研究、开发研究和工程化等阶段,因此,共性技术是基础科学研究成果的最先应用,是基础研究迈向市场应用的第一步,属于"竞争前技术"。共性技术是企业专有技术开发和技术产品商品化、市场化的基础。

2.2.6 非独占性

共性技术研究成果比应用研究成果更无形,难以实施知识产权方面的保护,具有很强的非独占性。

2.2.7 社会效益性

共性技术具有公共产品和私人产品的双重性质,被称为"准公共产品"。一方面,企业在共性技术的基础上开发出专有技术,可以形成自主知识产权,提升企业的核心竞争力;另一方面,由于共性技术具有共享性,可以为一个产业或多个产业共享,因此,具有广泛的效益性。一个国家、地区和企业的产业共性技术研发能力强,将有利于形成良好的技术创新平台,促进企业获得"竞争前技术",加快技术创新步伐,提高企业的素质,从而提升国家、地区和产业的竞争力。

共性技术研发成果的扩散往往会引起产业结构调整,有助于推动产业优化升级,因此具有十分重要的战略意义。政府通常采取各种政策来促进共性技术的扩散,政府的支持对共性技术的扩散速度和效果有较为重大的影响。

2.3 产业共性技术的分类

2.3.1 从产业共性技术涉及的层次角度分类

分为产业间(Inter industry)产业共性技术、产业内(Intra industry)产业共性技术和企业内产业共性技术,不管是哪一层次的产业共性技术,都具有上述的共同特征。产业间产业共性技术属于国家层次的产业共性技术,为多个产业提供技术平台,如数字信号处理技术、IC 卡技术以及科学为基础的技术;产业内产业共性技术为本产业内部的多个企业提供技术平台,主要为所在产业服务,如 CTI(计算机电信集成)技术、煤矿安全技术,产业内技术一般进入固定的技术轨道,为多个企业的相关产品提供不同应用的技术支撑。这两个层次的产业共性技术为本书的研究对象,统称为产业共性技术。企业内产业共性技术即企业特别是企业集团内部自行开发的技术,为企业内部多个产品所直接应用,一般局限于企业内部,基本不向外部扩散,有些类似于企业的核心技术。由于这种企业行为的特点,企业内产业共性技术不是本书研究的对象。

2.3.2 从公益性(非排他性和非竞争性)尺度分类

(1)建立在科学基础与基础技术平台之上的能够对国家技术进步产生深度影响的技术,是其他技术的基础,能促进整个国家的技术进步,如信息技术、生物工程技术;(2)与其他技术组合可导致在诸多产业领域的广泛应用,是具有产业属性的一类技术,该技术与其他技术组合可导致多个产业大量不同应用,如发动机技术可应用于汽车、摩托车、发电机等多个产业;(3)技术产品商业化的前技术基础,是不同企业专有技术平台。三类产业共性技术都具有一定的公共福利效应,但依次递减,并非所有的产业共性技术都属于公益性技术范畴,例如,在不同企业专有技术的共同技术平台中,有些平台类技术可以通过企业技术联盟的方式提供,只有参加技术联盟的企业才能受益,因而并非属于公益性技术的范围。

2.3.3 从重要程度上分类

产业共性技术可以分为关键产业共性技术、基础性产业共性技术和一般产业共性技术。(1)关键产业共性技术是对整个国民经济有重大影响的技术,这类技术影响面最广,经济效益和社会效益最明显。例如:自动化技术被广泛地应用于机械加工、采矿冶炼、化学工业、电力工业、交通运输、航天航空等领域。关键产业共性技术的突破及应用能够使产业水平不断提高,产品竞争能力不断加强,产业结构逐步升级,为整个国民经济的健康发展提供重要技术支持。(2)基础性产业共性技术是指能够测量、测试和标准化等一系列技术,属于行业平台技术,是专业技术的基础,这类技术为产业技术进步提供必需的基础性技术手段。(3)除以上两种以外的产业共性技术被称为一般产业共性技术。

2.4 产业共性技术的识别

目前看来,产业共性技术的界定很难有一个明确的标准,因此,准确地判定产业共性技术不是一件容易的事情,同时,由于现有研究的水平和相关资料的缺乏,以及产业共性技术所具备的动态发展特点,更加大了识别产业共性技术的难度。因此,笔者从多个角度展开对产业共性技术的识别。

2.4.1 从技术的供给源识别

对产业共性技术的判定首先可以从技术的供给源着手。麻省理工学院著名的技术创新专家埃里克·冯·希普尔(Eric von Hippe)在其创新职能源理论中指出:"创新源是富于变化的。"在一些领域,产品制造商确实是典型的创新者;在另一些领域,零部件和材料供货商是典型的创新者;而在某些领域,用户是多种创新的推动者。冯·希普尔进一步指出:"创新源有差异这一事实,对研究开发的组织管理、营销,对管理工具的运用,都有着重要的意义。"冯·希普尔的理论为产业共性技术的识别提供了理论上的借鉴意义。产业共性技术由于广泛应用于一个或多个产业部门,其具体的开发者和使用者遍布于这些产业部门的各个研究开发机构和企业,其中的某些机构和企业作为产业共性技术的开发者和使用者,为产业共性技术的供给来源、技术进步、组织管理等提供了基础。因而,可以通过产业共性技术供给源的寻找,来确定何种技术为产业共性技术,并预测产业共性技术将在何处出现并为转移、获取产业共性技术提供指导。另外,冯·希普尔和格伦·厄本(Clen Urban)在对预测用户创新源进行可靠性检验时还发现,一个用户在提出创新需求时,经常并不考虑是否有其他用户有类似需求,只要该创新对自己有益。相反,一个典型的制造商却在许多用户有同样的需求(包括技术需求)时才进行创新,因为这是制造商创新成功并获得利润的先决条件。由此看来,从产业共性技术的提供者来识别产业共性技术也是有效的。

2.4.2 从技术的关联特性识别

如前所述,技术关联是存在的,技术的关联度越高,产业共性技术的应用范围越广泛。为分析技术的关联度,首先需要定义技术感应度系数和技术影响力系数。技术感应度系数表示某一技术的研发投入增加一个单位而其他技术研发投入所减少的单位。技术影响力系数表示某一最终技术需求对其他技术进步的拉动程度。当某一技术感应度系数大于1时,说明该技术感应程度高于社会平均感应度水平;技术感应度系数越大,该技术对社会技术进步的推动作用越大。同理,当某一技术影响力系数大于1时,说明该技术的波及影响程度高于社会平均影响水平;技术影响力系数越大,该技术对社会技术进步的拉动作用越大。由于资料的缺乏、分析方法的局限性以及技术进步的不确定性,在应用感应度系数和影响力系数分析产业共性技术关联程度时,只能作比较粗略的考虑。

按照感应度和影响力的大小,可以将产业共性技术分为四类:
(1) 感应度系数和影响力系数都高的技术;
(2) 感应度系数低、影响力系数高的技术;
(3) 感应度系数高、影响力系数低的技术;
(4) 感应度系数和影响力系数都低的技术。

毫无疑问,(1)类技术应作为产业共性技术(如电动汽车的电池技术);(2)类技术和(3)类技术是否界定为产业共性技术,取决于当时的实际情况(如电动汽车的复合动力驱动系统、交流感应电机);一般说来(4)类技术是不能将其判定为产业共性技术的。

2.4.3 从技术的需求特性识别

产业共性技术的需求越多(应用范围越广、使用者越多),技术的共性越强。产业共性技术需求、应用广泛的特点决定了可以通过技术普查的形式及时而全面地了解企业的需求,尤其是那些重视创新、有较强创新能力并对现有技术不满的领先创新企业的需求。通过分类、组合、分析,可以得到这些企业所需的产业共性技术。在这方面,韩国的做法值得借鉴和仿效。1987年,韩国工商部发起产业共性技术开发计划(GTD),旨在开发中小企业迫切需要的产业共性技术,该计划所选择的产业共性技术就是来源于每年的工业技术需求普查。另外,美国学者罗纳德(Ronald,1998)基于最新信息技术与网络技术的进步,在网络交换数据库中进行的技术群组共性和技术相互支撑影响分析很有参考价值。

2.4.4 从技术的动态发展过程识别

按照技术-产业生命周期理论,技术的周期可以分为五个阶段:技术孵化,技术成长与分化,市场成长与细分,技术成熟,技术衰退。与之对应的是,每个阶段的产业共性技术类型和存在方式也不同。例如,处于孵化期的产业共性技术(如语音识别)可能是未来的范式创新的产品技术;处于成长与分化期的产业共性技术(如互联网)可能以根本性的创新出现;处于成熟期的产业共性技术类型大多属于渐进型的工艺技术,如建筑业的CAD技术、交通运输的GPS技术,汽车工业所采用的能源动力技术等。

通过考察技术所处的产业寿命周期,可以确定产业共性技术的类型,进而加以识别。从难度上讲,工艺技术类型由于其主导技术已经确立,技术关联性较强,因此易于从其他关联技术追索其存在,较易识别;快速变化的技术通常创新类型数量少,也常常由于其他技术的突破而引发,因而不易识别。

2.4.5 产业共性技术的反向识别

产业共性技术具有很强的外部性。产业共性技术的突破能加快一个甚至多个产业的技术升级步伐,具有很大的经济和社会效益,它也需要政府从资金和政策上予以支持,政府支持产业共性技术研究的基本原则有:

(1) 产业导向原则。根据产业界对产业共性技术的实际需求,在项目选择、承担单位构成等各个环节必须有企业参与。

(2) 成本分担原则。以有限的财政资金引导和激励企业认真选择和完成研究项目,同时也提高政府资金的效率。

(3) 鼓励合作原则。充分发挥产、学、研的各自优势,形成优势互补、跨学科的研究能力,促进技术成果的共享。

(4)促进技术扩散原则。通过组织推广应用的形式,让尽量多的企业分享到政府资助的研究成果,最大限度地实现产业共性技术的社会效益和经济效益。

通过这四条原则,衡量某技术是否为产业共性技术,可根据它是否符合以下标准,如果这四个标准是符合的,可以确定该技术属于产业共性技术:①处于竞争前阶段;②有较大的社会效益和经济效益;③具有商业和技术可行性,有产业化前景;④能为一个或多个产业所应用。

3 产业共性技术的供给模式

3.1 共性技术合作研发模式

产业共性技术研发具有投资大、风险高、周期长等特点，因此，单个企业往往难以承担共性技术的研发工作，需要多主体合作研发才能完成。面对此种形势，许多企业纷纷选择成立产业技术创新联盟，进行合作研发，共享创新成果。企业间通过战略合作，一方面，可以降低自身承担的研发风险和成本；另一方面，通过各类资源的相互整合，有助于提高研发效率，获得更大收益。产业共性技术合作研发主体包括企业、高校、科研机构与政府部门。研发主体之间为了规避研发风险、分担研发前期巨额投入、缩短研发周期等，以合作研发创新为主要目的，以合作各方的共同利益为支撑，以资源优势互补为手段，通过契约的形式形成研发创新的组织体。组织体是优势资源互补的成员自愿参与形成的，追求创新突破和组织体及个体利益的最大化。

面对日趋复杂的消费需求和市场环境，合作研发已成为产业共性技术供给的一种重要模式。美国出台了《合作研究法案》，该法案将共性技术政策纳入科技政策。在美国主要由国家标准与技术研究院承担共性技术研究的支持和管理职能，通过合作开发协议和工程研究中心等形式，促进合作开发。美国共性技术政策的特点是必须有企业参与的合作研发。日本为鼓励开展共性技术合作研发，采用知识产权归属向企业转移的方式来进行激励。

欧盟各国会对重要领域的共性技术进行联合研发,通常由企业和政府合作完成。通常采用组织散漫、机制多变的专项科研计划,如尤里卡计划、欧洲科技发展框架计划、欧洲信息技术研究和开发计划等。

现阶段,我国共性技术的研发主要由国家出资并由行业性科研机构承担,这种模式与企业技术开发的结合较少,研发不够贴近市场,难以满足企业的实际需要。为了进一步实现科技体制的市场化改革,共性技术研发应将相关企业纳入研发主体的范围,同时充分发挥政府和学校、研究所各自的优势,才能使共性技术研发成果更贴近市场需求,从而促进更进一步的技术扩散,推动产业发展。政府在共性技术研发中的作用主要体现在提供市场导向、资金支持和政策支持方面,学校、研究所方则应该发挥其理论基础扎实、辅助设施完善、管理体系完整等优势,结合企业对市场需求的分析理解,三方共同实现共性技术的有效开发。

合作研发的效率越高,企业的研发积极性也会越高,政府的总效用也会越高。因此,在进行共性技术合作研发项目前,政府可以适当地对研发成员进行调控,以保证研发效率,同时也可以通过推荐专家参与等方式,在原有的基础上提高各个参与方之间的合作研发效率。例如,2012年上半年,我国正式启动的"数控一代"机械产品创新应用示范工程,就是政府支持共性技术研发的成功典范,示范工程采用"产、学、研、用、金、政"的模式为共性技术多主体合作研发模式提供实践支持。

3.2 政府主导型的产业共性技术供给模式

政府主导型的产业共性技术供给模式主要出现在日本、韩国等国家,政府是产业共性技术供给的领导者,通过各种计划和政策推动产业共性技术研究。政府主导型的产业共性技术供给模式如图3-1所示。

基于共性技术的公共物品属性,政府在共性技术的研发过程中起着重

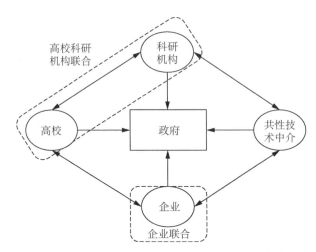

图 3-1 政府主导型的产业共性技术供给模式

要的调控作用。在政府主导型的产业共性技术供给模式下,政府通过补贴等方式激励共性技术研发与供给,提升共性技术的研发动力。政府会将获得的共性技术尽可能多地扩散到相关领域,以实现产业转型升级,最大化社会效益。

为了实现政府主导型的产业共性技术供给模式的良好运转,应遵循产业导向、普惠企业、鼓励合作、成本分担、风险共享、技术扩散的原则;以政府资金引导社会资金,组织产学研之间及企业间的联合研发,促进共性技术研发成果向产业界的扩散;鼓励和指导企业在共性技术的基础上进行后续研发,开发具有自主知识产权的产品。

在日本,政府重点支持的是实验室阶段的共性技术研究,为企业消化吸收和改造引进技术提供技术基础或平台。其支持目标是提高单个公司的研发能力,且多集中于半导体、电子等少数高技术领域。就共性技术研发实践而言,美国先进技术计划(ATP)、日本超大规模集成电路技术研究联合体(VLSI)、欧盟尤里卡计划(EUREKA)及我国的高技术研究发展计划("863计划")、国家重点基础研究发展计划("973计划")等,都是政府支持共性技术发展的典型实例。

3.3 市场主导型的产业共性技术供给模式

市场主导型的产业共性技术供给模式如图 3-2 所示,指仅由市场机制驱动,供给和后续商业开发企业通过技术转让、联合转化等实现共性技术供给和潜在价值释放的研发模式。

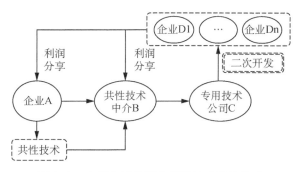

图 3-2 市场主导的产业共性技术供给模式

市场主导下,共性技术的推广完全由市场驱动。共性技术企业开发出共性技术,经共性技术中介介绍给专用技术企业,专用技术企业对共性技术进行二次开发。共性技术中介发挥技术转移的作用。产业共性技术创新利润在各参与主体间进行分配,不同的参与主体会评估自己和他人对产业共性技术研发的贡献,而给出一个整体收益的分配方案,所有参与主体的分配方案构成了利润分配方案的集合,在这个集合中,每个参与者都会找到自己的最高分配比例和最低分配比例。所有个体的最高分配比例总和必定大于整体利益。因此,分配难以进行。此时,通过协商,个体会重新给出分配方案进行利益分配,直至最终实现所有个体都基本满意的分配方案。

3.4 政府-市场结合共性技术供给模式

政府-市场结合是指在坚持市场机制作用的基础上,政府给予补贴及政策支持,以引导上下游纵向协同而不是委托或购买的供给模式,具体如图3-3所示,在市场主导下,政府给予适当的补贴。政府协调共性技术供应链参与主体之间的利润分成,但不直接参与管理。在美国,共性技术由市场中的私人部门提供,政府起引导支持和协同的作用,以弥补市场的不足。

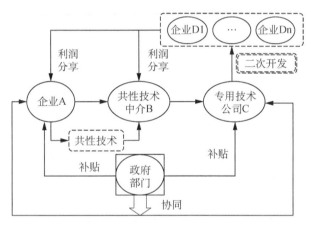

图3-3 政府-市场结合的产业共性技术供给模式

政府可发挥资源配置、组织协调等方面的优势,支持和引导共性技术的研究开发,使之符合政府的产业政策,从而促进特色产业发展。政府部门支持引导,给予研发补贴。在组织形式方面可选择民间机构为主体,提高技术创新的市场响应能力和运作效率。汲政府之力、取民间之长,采取官、产、学、研、金联合推进特色产业共性技术开发较为适宜。政府增加对共性技术研究开发的投入,政府对技术创新的支持将定位于产业研究和前竞争开发阶段,因而对共性技术研究开发的投入将成为政府支持产业发展的重要手段。政府的职责是要从特色产业整体发展的高度把握技术发展方向,制定相关政策,产业共性技术发展重点的确定,要充分体现以市场为导向,充分吸纳产业界的意见;选择和培育开发机构给予资金支持,并进行必要的协调和督促;具体技术开发的事项全权交由企业化运作的开发或生产机构负责。

政府在共性技术的扩散和转移中应发挥监督协调的作用,使得技术扩散和共享机制按照协议约定进行。政府应对取得专利、技术发明或共性技术成果的联盟成员给予奖励或补贴,提高其进行研发的积极性。

3.5 产业共性技术供给公私合作模式

不仅基础设施领域可以采取公私合作模式(Public-Private Partnership,PPP),而且技术创新领域也可以采取 PPP 模式。PPP 模式在研发领域中的应用,不仅是公共科技产品供给的新模式,而且是财政科技资金使用方式与理念的创新。无论是对国家科技计划资金,还是对其他财政科技资金,PPP 模式都是一种新的公共科技资源配置方式。通过 PPP 模式配置公共科技资源,能够将政府配置与市场配置的优点结合起来,既能够发挥政府的宏观管理职能及财政资金的撬动能力,又发挥了市场效率。

产业共性技术水平决定了产业竞争力的高低,产业共性技术创新决定了产业共性技术水平的高低。因而,发达国家都把解决产业共性技术问题和提高产业共性技术供给能力摆在非常重要的位置。2011 年,奥巴马政府提出"先进制造业伙伴"计划,采用 PPP 模式推动美国制造业共性技术研发。随后,许多国家陆续提出采用 PPP 模式推进本国产业共性技术研发的战略计划,如欧盟的联合技术促进计划、韩国的官民合作旗舰计划、中国的北京轨道交通信号系统核心技术研发及示范工程、欧盟的地平线 2020 计划等。总的来看,PPP 模式在技术创新领域的应用是成功的,既实现了社会效益最大化,又保证了企业和社会资本有利可图,因此,许多国家称之为公共项目管理的最佳模式。

产业共性技术创新的 PPP 模式是指在一段时期内,为了在科学、技术创新的某些领域实现特定的目标,公共部门与私人部门之间共同投入现金、人员、设施以及信息等稀缺资源,共同参与决策制定等而形成的一种正式的关系或安排。PPP模式下的"公"表示的是对社会公共利益的追求,指政府等公共部门和非营利机构;PPP模式下的"私"表示的是对个体利益的追求,企业既包括公有制企业,也包括非公有制企业,当然,"私"也包括追求自身发展和利益的高校和科研机构等。与传统的资金资助相比,PPP模式下的政府与私人部门之间建立了一种更为稳定的合作关系,这种长期的、紧密的、正式关系可以在一定程度上弥补原有科技研发政策工具在提供产业共性技术产品上的不足。

产业共性技术供给PPP模式的参与主体包括企业、科研机构、高校、中介机构、金融机构及政府机构等,具体如图3-4所示。这些参与主体承担着不同的角色和任务,其对价值追求和利益追求的差异性会影响到产业共性技术供给体系的稳定性。

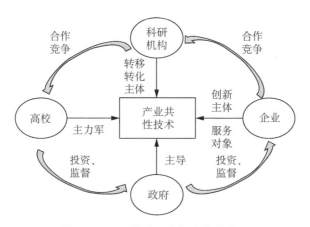

图3-4 PPP模式下参与主体的作用

在PPP模式下,政府在产业共性技术供给中发挥主导作用。政府具有行政权力,可以为产业共性技术的研发提供良好的外部环境,能够协调PPP模式下的参与主体,能够发挥财政资金的杠杆作用,并且监督共性技术的研发过程。

高校是产业共性技术研发的主力军。高校承担人才培养、科学研究、服务社会、文化传承等职能,发挥着培养高层次创新人才的作用,在重大科技创新、技术转移转化和创新成果产业化中扮演着生力军的作用，是开展基础理论研究和先进技术创新领域以及原始创新研究的主力军。

科研机构是促进产业共性技术转移转化的主体。科研机构具有专业化的研发队伍，具有明确的研究对象，专门从事研究，在实现产业技术创新、促进技术成果转移转化中发挥主导作用。

企业既是产业共性技术的创新主体，也是技术服务对象。产业共性技术创新市场和技术的双重不确定性，使得企业独自创新的风险很高。为分担风险，企业会选择高校或科研机构共同研发，以降低压力。在研发合作的过程中，企业获得创新专利并将其产业化形成利润，高校则获得研发资金、学术成果以及培养人才等。在产业共性技术研发中，骨干企业是产业共性技术研发的创新主体、技术转移转化的实施主体、产业化和市场化的推动主体。

将产业共性技术的供给 PPP 模式的构成主体抽象为企业、高校、政府部门和科研机构。根据参与主体性质和产业共性技术类别的不同，可将产业共性技术供给的 PPP 模式分为公私伙伴型、企业伙伴型、转移伙伴型。公私伙伴型的主要参与主体是政府部门和一个或多个大型企业，主要针对关键共性技术进行研发。企业伙伴型的主要参与主体是政府部门和大量中小型企业，也会有部分高校和科研机构参与其中，主要针对产业基础性共性技术开展研发工作。转移伙伴型的主要参与主体是政府部门、中小型企业、高校和科研机构等，主要针对一般共性技术开展合作研发工作。

产业共性技术供给 PPP 模式构建的影响因素包括技术因素、经济因素、制度因素及其他因素等。在构建产业共性技术供给的 PPP 模式时，需要遵循共同投资原则、共担风险原则、利益均衡原则、地位平等原则。PPP 模式构建的影响因素与所遵循的原则是相互促进和相互制约的。影响因素是 PPP 模式产生和运行的环境和背景。PPP 模式构建成功的关键在于对构建原则的遵守。产业共性技术供给 PPP 模式的良好运行离不开系统化统筹、制度化管理和规范化行为。

4 技术链视角下政府补贴对产业共性技术开发的影响

4.1 问题描述与符号定义

4.1.1 问题描述

产业共性技术的技术链上存在一个共性技术供给平台、一个共性技术中介企业和一个专用技术企业(共性技术后续商业开发企业),如图 4-1 所示。共性技术研发包含"供给—扩散—后续商业开发—市场收益实现"等环节,任一环节出现问题,都将影响其对产业转型升级及经济发展的潜在作用发挥。

图 4-1 共性技术的技术链

专用技术企业提供的技术面临的需求 D 是一个连续的非负的随机变量,且服从均匀分布 $D \sim U(0, b)$,技术需求 D 的密度函数为:

$$f(x) = \begin{cases} \dfrac{1}{b}, & 0 \leqslant x \leqslant b \\ 0, & 其他 \end{cases}$$

分布函数为：

$$F(x) = \begin{cases} 0, & x < 0 \\ \dfrac{x}{b}, & 0 \leqslant x \leqslant b \\ 1, & x \geqslant b \end{cases}$$

专业技术企业承担投资成本、技术开发成本等成本。

共性技术供给平台、共性技术中介企业和专用技术企业参与斯塔克尔伯格(Stackelberg)主从博弈。斯塔克尔伯格主从博弈是一个经典的动态博弈模型，主要包含四个特征：(1)在整个博弈行为的过程中，每个博弈主体都有可以由自身控制的变量；(2)博弈主体间的决策会互相影响；(3)博弈主体的决策顺序不同，先决策的主体会通过自己的策略去影响后决策者的决策行为，也会通过预判后决策者的行为来进行决策，博弈主体之间相互制约；(4)博弈最终的策略应该包括所有博弈主体的策略以及各方都能够认可的决策集合。

在独立主从博弈下，共性技术供给平台首先决定共性技术出售价 ω；紧接着，共性技术中介企业决定中介价格 δ；最后，专用技术企业决定订购量 Q。

4.1.2 符号定义

本文用到的变量详见表4-1。

表4-1 变量说明

符号	变量名称
ω（决策变量）	共性技术供给平台单位技术出售价格(元)
δ（决策变量）	共性技术中介企业单位技术中介价格(元)
Q（决策变量）	专用技术企业订购量(单位)
p	专用技术企业单位技术出售价格(元)
ϑ	单位淘汰技术的转让收入(元/单位)
t	单位共享技术补贴率
R	收益分享因子
τ	运输成本分担比例

(续表)

符号	变量名称
λ	关税分担比例
c_1	单位共性技术二次开发成本(元/单位)
c_2	单位共性技术中介成本(元/单位)
c_3	单位共性技术开发成本(元/单位)
f	单位专用技术推广成本(元/单位)

4.2 理论模型构建

根据前述假设,依次给出专用技术企业的利润函数、共性技术中介企业的利润函数、共性技术供给平台的利润函数。专用技术企业的利润函数为:

$$\Pi_a(Q) = p\min(D, Q) - \omega Q - c_1 Q - fQ - \delta Q + \vartheta(Q-D)^+ \tag{4-1}$$

(4-1)中,第一项为二次开发技术出售收入,第二项为共性技术采购成本,第三项为共性技术二次开发成本,第四项为推广成本,第五项为中介成本,第六项为淘汰技术的转让收入。对(4-1)求数学期望,可得专用技术企业的期望利润函数为:

$$\pi_a(Q) = \mathrm{E}[\pi_r(Q)] = [p - \omega - c_1 - f - \delta]Q - 0.5(p-\vartheta)Q^2/b \tag{4-2}$$

共性技术中介企业的利润函数为:

$$\pi_b(\delta) = \delta Q - c_2 Q \tag{4-3}$$

(4-3)中,第一项为中介收入,第二项为中介成本。

补贴是政府常用的共性技术研发支持方式,例如,我国的高技术研究发展计划("863 计划")及日本政府以产业关键共性技术为主的下一代制造技术

(NCM)项目,政府几乎承担了所有研究资金;又如,欧盟、美国及我国政府重视通过补贴引导企业、学研及社会资本等主体结成研发联合体,实现共性技术供给,并与后续市场化开发贯通,一定程度上缓解了共性技术供给和扩散的失灵问题。

共性技术供给平台的利润函数为:

$$\pi_g(\omega) = \omega Q + t\omega Q - c_3 Q \tag{4-4}$$

(4-4)中,第一项为共性技术出售收入,第二项为政府对共性技术的补贴,第三项为共性技术开发成本。

4.2.1 政府补贴为零时的技术链开发决策

当政府补贴为零时,专用技术企业、共性技术中介企业和共性技术供给平台构成虚拟体进行决策,订购量 $Q_c^* = b(p - c_1 - c_2 - c_3 - f)/(p - \vartheta)$,可使得集中决策下的技术链利润最大。分散决策下采用逆向归纳法,可得:

$$\omega_d^* = 0.5(p - c_1 - f - c_2 + c_3)$$
$$\delta_d^* = 0.25(p - c_1 - f - c_3 + 3c_2)$$
$$Q_d^* = 0.25b(p - c_1 - f - c_2 - c_3)/(p - \vartheta)$$

分散决策下的订购量是集中决策下的0.25倍。

当政府补贴为零时,专用技术企业和共性技术中介企业构成联盟,该联盟与共性技术供给平台进行博弈,采用逆向归纳法,可得:

$$\omega_d^{**} = 0.5(p - c_1 - c_2 + c_3 - f)$$
$$Q_d^{**} = 0.5b(p - c_1 - c_2 - c_3 - f)/(p - \vartheta)$$

联盟决策下的共性技术供给平台出售价与非联盟分散决策下的共性技术供给平台出售价相同,但联盟决策下的订购量是非联盟分散决策下的2倍,联盟决策相对非联盟决策可以实现帕累托改善。

4.2.2 共性技术中介参与的非联盟独立主从决策

在共性技术中介参与的非联盟独立主从决策下,共性技术供给平台先决

定共性技术出售价 ω，共性技术中介企业再决定中介价格 δ，专用技术企业最后决定订购量 Q。

命题 1 在由专用技术企业、共性技术中介企业和共性技术供给平台构成的技术链中，专用技术企业、共性技术中介企业和共性技术供给平台关于订购量、中介价格和共性技术出售价的最优决策为 (Q^*,δ^*,ω^*)，最优利润为 $\pi_a(Q^*)$、$\pi_b(\delta^*)$、$\pi_g(\omega^*)$。

证明：采用逆向递归求解法，可得：

$$Q^* = \frac{b[(1+t)(p-c_1-c_2-f)-c_3]}{4(p-\vartheta)(1+t)} \tag{4-5}$$

$$\delta^* = \frac{(1+t)(p-c_1-f+3c_2)-c_3}{4(1+t)} \tag{4-6}$$

$$\omega^* = \frac{(1+t)(p-c_1-c_2-f)+c_3}{2(1+t)} \tag{4-7}$$

将(4-5)、(4-6)、(4-7)代入(4-2)、(4-3)、(4-4)，可得：

$$\pi_a(Q^*) = \frac{b[(1+t)(p-c_1-f-c_2)-c_3]^2}{32(1+t)^2(p-\vartheta)} \tag{4-8}$$

$$\pi_b(\delta^*) = \frac{b[(1+t)(p-c_1-f-c_2)-c_3]^2}{16(1+t)^2(p-\vartheta)} \tag{4-9}$$

$$\pi_g(\omega^*) = \frac{b[(1+t)(p-c_1-f-c_2)-c_3]^2}{8(p-\vartheta)(1+t)} \tag{4-10}$$

命题 1 证毕。

相较没有补贴时，政府对共性技术的补贴将使得订购量增加 $\frac{bc_3 t}{4(p-\vartheta)(1+t)}$，中介价格增加 $\frac{tc_3}{4(1+t)}$，共性技术出售价减少 $\frac{tc_3}{2(1+t)}$。专用技术企业的利润增加 L，中介企业的利润增加 M，共性技术供给平台的利润增加 N。其中：

$$L = \frac{btc_3[2(1+t)(p-c_1-f-c_2)-2c_3-c_3 t]}{32(1+t)^2(p-\vartheta)} \tag{4-11}$$

$$M = \frac{btc_3[2(1+t)(p-c_1-f-c_2)-2c_3-c_3t]}{16(1+t)^2(p-\vartheta)} \quad (4\text{-}12)$$

$$N = \frac{btc_3[2(1+t)(p-c_1-f-c_2)-2c_3-tc_3]}{8(p-\vartheta)(1+t)} \quad (4\text{-}13)$$

政府对产业共性技术开发进行补贴,通过技术链传导,使得整个技术链各方利润增加。

推论1 (1) $\pi_g(\omega^*)=2(1+t)\pi_b(\delta^*)$;

(2) $\pi_b(\delta^*)=2\pi_a(Q^*)$;

(3) $\pi_g(\omega^*)=4(1+t)\pi_a(Q^*)$。

证明: (1) $\pi_g(\omega^*) = \dfrac{b[(1+t)(p-c_1-f-c_2)-c_3]^2}{8(p-\vartheta)(1+t)}$

$= \dfrac{b[(1+t)(p-c_1-f-c_2)-c_3]^2}{16(1+t)^2(p-\vartheta)} \times 2(1+t)$

$= 2(1+t)\pi_b(\delta^*)$

(2) $\pi_b(\delta^*) = \dfrac{b[(1+t)(p-c_1-f-c_2)-c_3]^2}{16(1+t)^2(p-\vartheta)}$

$= \dfrac{b[(1+t)(p-c_1-f-c_2)-c_3]^2}{32(1+t)^2(p-\vartheta)} \times 2$

$= 2\pi_a(Q^*)$

(3) $\pi_g(\omega^*) = \dfrac{b[(1+t)(p-c_1-f-c_2)-c_3]^2}{8(p-\vartheta)(1+t)}$

$= \dfrac{b[(1+t)(p-c_1-f-c_2)-c_3]^2}{32(1+t)^2(p-\vartheta)} \times 4(1+t)$

$= 4(1+t)\pi_a(Q^*)$。

证毕。

在由共性技术企业主导的技术链中,共性技术中介企业的利润是专用技术企业利润的两倍,博弈领导者的利润总是高于被领导者。又由 $\pi_g(\omega^*)=4(1+t)\pi_a(Q^*)$,可知共性技术供给平台牢牢掌握斯塔克尔伯格博弈的主动权。

命题 2 （1）专用技术企业制定的售价越高，单位产品的利润越高，订购量越多；

（2）政府对共性技术供给平台的补贴越高，专用技术企业的订购量越多；

（3）专用技术企业面临的需求越大，订购量越大。

证明：对 Q^* 依次求关于 p,b,t 的一阶导数，有：

(1) $\dfrac{\partial Q^*}{\partial p} = \dfrac{b}{4(p-\vartheta)} > 0$；

(2) $\dfrac{\partial Q^*}{\partial t} = \dfrac{bc_3}{4(p-\vartheta)(1+t)^2} > 0$；

(3) $\dfrac{\partial Q^*}{\partial b} = \dfrac{(1+t)(p-c_1-c_2-f)-c_3}{4(p-\vartheta)(1+t)} > 0$。

证毕。

命题 2 表明，售价越高，单位产品的利润越高，专用技术企业越有动力增加订购量。政府所给予的补贴相当于共性技术供给平台额外的收益，补贴越高，共性技术供给平台的收益也就越高，在保证收益的条件下，共性技术供给平台会降低出售价格，这会促进专用技术企业增加订购量。市场需求越旺盛，就可以赚取更多的利润。

命题 3 共性技术技术链中专用技术企业和共性技术供给平台的技术开发成本、共性技术中介企业的中介成本和专用技术企业的推广成本的增加，均会导致专用技术企业订购量的减少。

证明：对 Q^* 依次求关于 c_1,c_2,c_3,f 的一阶导数，有：

$\dfrac{\partial Q^*}{\partial c_1} = -\dfrac{b}{4(p-\vartheta)} < 0$；　　　$\dfrac{\partial Q^*}{\partial c_2} = -\dfrac{b}{4(p-\vartheta)} < 0$；

$\dfrac{\partial Q^*}{\partial c_3} = -\dfrac{b}{4(p-\vartheta)(1+t)} < 0$；　　$\dfrac{\partial Q^*}{\partial f} = -\dfrac{b}{4(p-\vartheta)} < 0$。

证毕。

技术链中任意环节成本的增加均会导致内耗，这些内耗削弱了技术链各个利益主体的盈利能力，增加了盈利的风险。因此，处于技术链领导地位的共性技术供给平台会将风险转移给共性技术中介企业，共性技术中介企业会将风险转移给专用技术企业，专用技术企业出于减少风险的目的，会减少订购量,进而使得整个技术链的利润减少。

命题 4 (1)共性技术中介企业的中介成本越高,制定的中介价格也越高;(2)专用技术企业的二次开发成本越高,共性技术中介企业制定的中介价格越低;(3)共性技术供给平台的开发成本越高,共性技术中介企业制定的中介价格越低;(4)政府提供的共性技术补贴越高,共性技术中介企业制定的中介价格越高。

证明:对 δ^* 求关于 c_2, c_1, c_3, t 的一阶导数,有:

(1) $\dfrac{\partial \delta^*}{\partial c_2} = \dfrac{3}{4} > 0$; (2) $\dfrac{\partial \delta^*}{\partial c_1} = -\dfrac{1}{4} < 0$;

(3) $\dfrac{\partial \delta^*}{\partial c_3} = -\dfrac{1}{4(1+t)} < 0$; (4) $\dfrac{\partial \delta^*}{\partial t} = \dfrac{c_3}{4(1+t)^2} > 0$。

证毕。

命题 5 (1)共性技术供给平台所在地政府补贴越多,共性技术供给平台制定的共性技术出售价越低;(2)共性技术供给平台的开发成本越高,共性技术供给平台制定的共性技术出售价越高;(3)共性技术中介企业的运输成本越高,共性技术供给平台制定的共性技术供给平台出售价越低;(4)专用技术企业的制造成本越高,共性技术供给平台制定的共性技术供给平台出售价越低。

证明:对 ω^* 依次求关于 t, c_3, c_2, c_1 的一阶导数,有:

(1) $\dfrac{\partial \omega^*}{\partial t} = -\dfrac{c_3}{2(1+t)^2} < 0$; (2) $\dfrac{\partial \omega^*}{\partial c_3} = \dfrac{1}{2(1+t)} > 0$;

(3) $\dfrac{\partial \omega^*}{\partial c_2} = -\dfrac{1}{2} < 0$; (4) $\dfrac{\partial \omega^*}{\partial c_1} = -\dfrac{1}{2} < 0$。

证毕。

提升单位共性技术的补贴,可以弥补单位共性技术价格下降带来的损失,共性技术供给平台有动力降低共性技术出售价来促进专用技术企业增加订购量。专用技术企业二次开发成本的提升,内在地要求更高的售价来维持利润。共性技术中介企业的中介成本提升,会通过对专用技术企业提升中介收入来弥补损失,这会导致专用技术企业降低订购量,为促进专用技术企业订购量的提升,共性技术供给平台会降低出售价。专用技术企业的推广成本越高,出于减少经营风险的目的,会减少共性技术的订购量,但共性技术供给平台会降低出售价来促进专用技术企业增加订购量。

命题 6　共性技术补贴率的提升,有益于整个技术链中专用技术企业利润、共性技术中介企业利润和共性技术供给平台利润与技术链整体利润的提升。

证明:对 $\pi_a(Q^*)$、$\pi_b(\delta^*)$、$\pi_g(\omega^*)$ 依次求关于 t 的一阶导数,有:

$$\frac{\partial \pi_a(Q^*)}{\partial t} = \frac{bc_3[(1+t)(p-c_1-f-c_2)-c_3]}{16(p-\vartheta)(1+t)^3} > 0$$

$$\frac{\partial \pi_b(\delta^*)}{\partial t} = \frac{bc_3[(1+t)(p-c_1-f-c_2)-c_3]}{8(p-\vartheta)(1+t)^3} > 0$$

$$\frac{\partial \pi_g(\omega^*)}{\partial t} = \frac{b(1+t)^2(p-c_1-f-c_2)^2-c_3^2}{8(p-\vartheta)(1+t)^2} > 0$$

当政府对共性技术供给平台的补贴增加时,共性技术供给平台会降低共性技术的出售价,专用技术企业将增加订购量,引发整个技术链供给的增加,使得技术链中专用技术企业利润、共性技术中介企业利润和共性技术供给平台利润与技术链整体利润的提升。

性质 1　(1) $\left|\frac{\partial \omega^*}{\partial t}\right| > \left|\frac{\partial \delta^*}{\partial t}\right|$;

(2) $\left|\frac{\partial \pi_g(\omega^*)}{\partial t}\right| > \left|\frac{\partial \pi_b(\delta^*)}{\partial t}\right| > \left|\frac{\partial \pi_a(Q^*)}{\partial t}\right|$

证明:(1) $\left|\frac{\partial \omega^*}{\partial t}\right| = \frac{c_3}{2(1+t)^2} > \left|\frac{\partial \delta^*}{\partial t}\right| = \frac{c_3}{4(1+t)^2}$;

(2) $\left|\frac{\partial \pi_b(\delta^*)}{\partial t}\right| - \left|\frac{\partial \pi_a(Q^*)}{\partial t}\right| = \frac{bc_3[(1+t)(p-c_1-f-c_2)-c_3]}{16(p-\vartheta)(1+t)^3} > 0$

进而可得:$\left|\frac{\partial \pi_b(\delta^*)}{\partial t}\right| > \left|\frac{\partial \pi_a(Q^*)}{\partial t}\right|$

$\left|\frac{\partial \pi_g(\omega^*)}{\partial t}\right| - \left|\frac{\partial \pi_b(\delta^*)}{\partial t}\right|$

$= \frac{b(1+t)(p-c_1-f-c_2)[(1+t)^2(p-c_1-f-c_2)-c_3]}{8(p-\vartheta)(1+t)^3}$

$$+\frac{bc_3^2-(1+t)c_3^2}{8(p-\vartheta)(1+t)^3}>0，从而有：\left|\frac{\partial\pi_g(\omega^*)}{\partial t}\right|>\left|\frac{\partial\pi_b(\delta^*)}{\partial t}\right|$$

$$>\left|\frac{\partial\pi_a(Q^*)}{\partial t}\right|。$$

证毕。

由性质 1 知,政府对共性技术进行补贴,对共性技术平台定价的影响超过对中介企业定价的影响。对共性技术平台利润的影响最大,其次是共性技术中介企业,再次是专用技术企业。

4.2.3 补贴不为零时的联盟主从决策

1. 专用技术企业和共性技术中介企业共同构成一个联盟(AB 情形)

专用技术企业和共性技术中介企业共同构成一个 AB 联盟,保证共性技术中介企业合作以后的利润不低于合作前。AB 联盟的利润为:

$$\pi_{ab}(Q)=(p-c_1-c_2-f-\omega)Q-\frac{(p-\vartheta)Q^2}{2b} \tag{4-14}$$

命题 7 AB 联盟下共性技术供给平台和专用技术企业关于共性技术出售价和订购量的最优决策为$(\omega_{ab}^{**},Q_{ab}^{**})$。

证明：AB 联盟与境外离岸外包商进行斯塔克尔伯格博弈,采用逆向递归求解,可得：

$$\omega_{ab}^{**}=\frac{(1+t)(p-c_1-c_2-f)+c_3}{2(1+t)} \tag{4-15}$$

$$Q_{ab}^{**}=\frac{b[(1+t)(p-c_1-c_2-f)-c_3]}{2(1+t)(p-\vartheta)} \tag{4-16}$$

将 ω_{ab}^{**}、Q_{ab}^{**} 代入计算得：

$$\pi_{ab}(Q_{ab}^{**})=\{b[(1+t)(p-c_1-c_2-f)-c_3][(1+t)(p-c_1-f+3c_2)-c_3-4c_2(1+t)]/8(1+t)^2(p-\vartheta)$$

$$\pi_g(\omega_{ab}^{**})=\frac{b[(1+t)(p-c_1-c_2-f)-c_3]^2}{4(1+t)(p-\vartheta)}$$

性质 2 在 AB 联盟下,(1)共性技术供给平台所在地政府补贴越多,共性技术供给平台制定的共性技术出售价越低;(2)政府对共性技术供给平台的补贴越高,专用技术企业的订购量越多。

证明:(1) $\dfrac{\partial \omega_{ab}^{**}}{\partial t} = -\dfrac{c_3}{2(1+t)^2} < 0$;

(2) $\dfrac{\partial Q_{ab}^{**}}{\partial t} = \dfrac{bc_3}{2(1+t)^2(p-\vartheta)} > 0$。

性质 3 (1)联盟主从决策下的共性技术供给平台出售价等于独立主从决策下的共性技术供给平台出售价;(2)联盟主从决策下的订购量大于独立主从决策下的订购量,且 $Q_{ab}^{**} = 2Q^*$。

证明:(1) $\omega_{ab}^{**} = \omega^* = \dfrac{(1+t)(p-c_1-c_2-f)+c_3}{2(1+t)}$;

(2) $Q_{ab}^{**} - Q^* = \dfrac{b[(1+t)(p-c_1-c_2-f)-c_3]}{4(p-\vartheta)(1+t)} > 0$,

$Q_{ab}^{**} = 2 \times \dfrac{b[(1+t)(p-c_1-c_2-f)-c_3]}{4(p-\vartheta)(1+t)}$

$= 2Q^*$。

专用技术企业和共性技术中介企业共同构成的 MT 联盟与共性技术供给平台之间的博弈,减少了博弈的层级,增加了专用技术企业对共性技术供给平台的订购量,促进了共性技术供给平台的共性技术供给,改善了整个技术链系统的利润。

2. 共性技术供给平台和共性技术中介企业共同构成一个联盟(GB 情形)

共性技术供给平台和共性技术中介企业共同构成一个 GB 联盟,共性技术中介企业的运输价格与非联盟决策情形下相同,保证共性技术中介企业合作以后的利润不低于合作前。GB 联盟的利润为:

$$\pi_{gb}(\omega) = [(1+t)\omega + \delta - c_2 - c_3]Q \quad (4-17)$$

命题 8 GT 联盟下共性技术供给平台和专用技术企业关于共性技术供给平台出售价和订购量的最优决策为(ω_{gb}^{**}, Q_{gb}^{**})。

证明:GT 联盟与专用技术企业进行斯塔克尔伯格博弈,采用逆向递归求解，可得：

$$\omega_{gb}^{**} = \frac{(1+t)(p-c_1-f-\delta)-\delta+c_2+c_3}{2(1+t)}$$

$$Q_{gb}^{**} = \frac{b[(1+t)(p-c_1-f-\delta)+\delta-c_2-c_3]}{2(1+t)(p-\vartheta)}$$

$$\pi_a(Q_{gt}^{**}) = \frac{b[(1+t)(p-c_1-f-\delta)+\delta-c_2-c_3]}{4(1+t)^2} \cdot$$
$$\frac{[(1+t)(p-c_1-f-\delta)+\delta-c_2-c_3]}{2(p-\vartheta)}$$

$$\pi_{gb}^{**}(\omega_{gb}^{**}) = \frac{b[(1+t)^2(p-c_1-f-\delta)+(1+t)(\delta-c_2-c_3)]}{2(1+t)} \cdot$$
$$\frac{[(1+t)(p-c_1-f-\delta)+\delta-c_2-c_3]}{2(1+t)(p-\vartheta)}$$

将 δ^* 代入(4-23)、(4-24)、(4-25)化简,可得:

$$\omega_{gt}^{**} = \frac{(1+t)[3(1+t)(p-c_1-f-c_2)-(p-c_1-f-c_2)+5c_3]+c_3}{8(1+t)^2}$$

$$Q_{gt}^{**} = \frac{b\{(1+t)[3(1+t)(p-c_1-f-c_2)+(p-c_1-f-c_2-3c_3)]-c_3\}}{8(1+t)^2(p-\vartheta)}$$

$$\pi_a(Q_{gt}^{**}) = \frac{b\{(1+t)[3(1+t)(p-c_1-f-c_2)+(p-c_1-f-c_2-3c_3)]-c_3\}^2}{128(1+t)^4(p-\vartheta)}$$

性质 4 (1)AB 情形下的共性技术供给平台制定的出售价高于 GB 情形下的共性技术供给平台制定的出售价,即 $\omega_{ab}^{**} > \omega_{gb}^{**}$；(2)AB 情形下的专用技术企业对共性技术供给平台的订购量大于 GB 情形下的专用技术企业对共性技术供给平台的订购量,即 $Q_{ab}^{**} > Q_{gb}^{**}$。

证明：(1) 由

$$\omega_{ab}^{**} - \omega_{gb}^{**} = \frac{(1+t)^2(p-c_1-c_2-f)-c_3+(1+t)(p-c_1-f-c_2-c_3)}{8(1+t)^2} > 0$$

可知，AB 情形下的共性技术供给平台制定的出售价高于 GB 情形下的共性技术供给平台制定的出售价；

（2）由

$$Q_{ab}^{**}-Q_{gb}^{**}=\frac{bt\left[(1+t)(p-c_1-c_2-f)-c_3\right]}{8(1+t)^2(p-\vartheta)}>0$$

可知，AB 情形下的专用技术企业对共性技术供给平台的订购量高于 GB 情形下的专用技术企业对共性技术供给平台的订购量。

推论 2 （1）$\omega_{gb}^{**}<\omega_{ab}^{**}=\omega^*$；

（2）$Q^*<Q_{gb}^{**}<Q_{ab}^{**}$。

证明：（1）由 $\omega_{ab}^{**}>\omega_{gb}^{**}$，$\omega_{ab}^{**}=\omega^*$ 可知 $\omega_{gb}^{**}<\omega_{ab}^{**}=\omega^*$；

（2）由 $Q_{ab}^{**}>Q_{gb}^{**}$，

$Q_{gb}^{**}-Q^*=(1+t)^2(p-c_1-f-c_2)-c_3+(1+t)(p-c_1-f-c_2-c_3)>0$，

可得 $Q^*<Q_{gb}^{**}<Q_{ab}^{**}$。

证毕。

4.2.4　基于收益分享中介成本分担的帕累托改善

技术链中共性技术供给平台、共性技术中介企业、专用技术企业之间的博弈，使得技术链收益不能最大化，在共性技术技术链中，存在双边际化效应。采用合适的策略来对整个技术链进行帕累托改善。

在收益分享、中介成本分担的策略下，专用技术企业获得 R 比例的销售收入和淘汰技术的转让收入，承担 $1-\tau$ 比例的中介成本。共性技术供给平台获得 $1-R$ 比例的销售收入和残值收入，承担 τ 比例的中介成本，承担 $1-\lambda$ 比例的关税。在该策略下专用技术企业的利润为：

$$\pi_a(Q)=[Rp-\omega-c_1-f-(1-\tau)\delta]Q-\frac{R(p-\vartheta)Q^2}{2b}$$

(4-18)

共性技术供给平台的利润为：

$$\pi_g(\omega) = [(1-R)p + (1+t)\omega - c_3 - \tau\delta]Q - \frac{(1-R)(p-\vartheta)}{2b}Q^2$$

(4-19)

令 $E = Rp - c_1 - f$、$F = 1 - \tau$、$G = (1-R)p - c_3$、$H = (1+t)$、$I = \tau$、$J = G - I\dfrac{E + c_2 F}{2F} - \dfrac{(1-R)(E - c_2 F)}{4R}$、$K = \dfrac{I + 2HF}{2F} + \dfrac{(1-R)}{4R}$

采用逆向递归求解法,可得:

$$Q^{***} = \frac{bKE - c_2 bKF + Jb}{4R(p-\vartheta)K}$$

$$\delta^{***} = \frac{KE + 3c_2 KF + J}{4KF}$$

$$\omega^{***} = \frac{KE - c_2 KF - J}{2K}$$

代入计算得:

$$\pi_a(Q^{***}) = \frac{b[KE - c_2 KF + J]^2}{32K^2 R(p-\vartheta)}$$

$$\pi_b(\delta^{***}) = \frac{b[KE - c_2 KF + J]^2}{16K^2 FR(p-\vartheta)}$$

$$\pi_g(\omega^{***}) = \frac{b[KE - c_2 KF + J]^2}{8KR(p-\vartheta)}$$

命题9 专用技术企业进行收益分享总是对自身不利的,即 $\pi_a(Q^{***}) < \pi_a(Q^*)$。专用技术企业进行收益分享总是对中介企业不利的,即 $\pi_b(\delta^{****}) < \pi_b(\delta^*)$。

证明:略

命题10 存在一个 $R^\dagger$,使得当 $R \leqslant R^\dagger$ 时,$\pi_a(Q^{***}) + \pi_b(\delta^{****}) + \pi_g(\omega^{***}) \geqslant \pi_a(Q^*) + \pi_b(\delta^*) + \pi_g(\omega^*)$。

证明:略

限于 Q^{***}、ω^{***}、δ^{***} 的复杂性,将在算例分析中重点分析出口补贴 t、收益分享比例 R、中介成本分担比例 τ 对 Q^{***}、ω^{***}、δ^{***} 以及对 $\pi_s(\omega^{***})$、$\pi_t(\delta^{***})$、$\pi_m(Q^{***})$ 的影响。

4.3 算例分析

取 $p=75$、$c_1=8$、$c_2=6$、$c_3=9$、$f=3$、$\vartheta=15$、$b=580$。当补贴为零时,即 $t=0$ 时,集中决策下的订购量为 $Q_c^*=474$,整个技术链的利润为 11 604.83。分散决策下,$\omega^*=33.50$,$\delta^*=18.25$,$Q^*=118$,$\pi_g(\omega^*)=2$ 901.21,$\pi_b(\delta^*)=1$ 450.60,$\pi_a(Q^*)=725.30$,跨国供应链的利润为 5 077.11。分散决策下的技术链利润远远低于集中决策的情形。当 $t=0$ 时,在联盟 AB 情形下,$Q_{ab}^{**}=237$、$\omega_{ab}^{**}=33.50$,技术链的利润为 8 703.63。在联盟 GB 情形下,$Q_{gb}^{**}=237$、$\omega_{gb}^{**}=21.25$,技术链的利润为 8 703.63。

当 $t=0.4$ 时,非联盟独立主从决策下,$\omega^*=32.21$,$\delta^*=18.89$,$Q^*=125$,$\pi_g(\omega^*)=4$ 499.18,$\pi_b(\delta^*)=1$ 606.85,$\pi_a(Q^*)=803.42$,技术链的利润为 6 909.45。在联盟 AB 情形下,$Q_{ab}^{**}=249$、$\omega_{ab}^{**}=32.21$,技术链的利润为 12 212.05。在联盟 GB 情形下,$Q_{gb}^{**}=231$、$\omega_{gb}^{**}=21.16$,技术链的利润为 10 529.78。

由表 4-2 知,共性技术供给平台的利润在技术链中最高。随着补贴率的增加,各方利润均增加。政府对共性技术供给平台的补贴可以改善整个技术链的效益。虽然补贴可以使得技术链中各方的利润均有所增加,但随着补贴率的提升,共性技术供给平台所占技术链的利润越来越高,而中介企业及专用技术企业所占技术链利润的比例越来越低。补贴率越高,共性技术供给平台在技术链中的话语权越重。补贴使得共性技术供给平台的竞争力越来越强,如图 4-2 所示。

表 4-2 各方利润及技术链利润随补贴率变化情况

t	共性技术供给平台	中介企业	专用技术企业	技术链
0.2	3 697.86	1 540.78	770.39	6 009.03
0.24	3 857.82	1 555.57	777.79	6 191.19
0.28	4 017.95	1 569.51	784.76	6 372.22
0.32	4 178.23	1 582.66	791.33	6 552.22
0.36	4 338.64	1 595.09	797.54	6 731.27
0.4	4 499.18	1 606.85	803.42	6 909.45
0.44	4 659.83	1 618.00	809.00	7 086.82
0.48	4 820.59	1 628.58	814.29	7 263.45
0.52	4 981.44	1 638.63	819.32	7 439.38
0.56	5 142.38	1 648.20	824.10	7 614.68
0.6	5 303.41	1 657.31	828.66	7 789.38

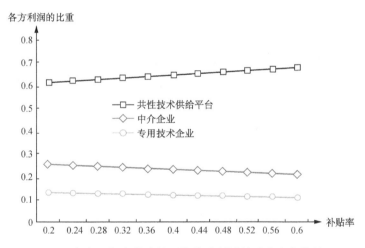

图 4-2 各方利润占技术链利润的比例随补贴率变化的情况

由表 4-3 知，不论是 AB 情形还是 GB 情形下的联盟决策，其利润要高于非联盟决策的情形。AB 情形下的技术链利润要高于 GB 情形下的技术链利润。联盟决策减少了博弈的层级，由图 4-3 知，AB 情形和非联盟决策情形下的专用技术企业订购量均随补贴率的增大而增加。GB 情形下的专用技术企业订购量均随补贴率的增大而减少。

表 4-3　各类情形下技术链利润随补贴率变化的情况

t	非联盟独立主从决策	AB 情形	GB 情形
0.2	6 009.03	10 477.28	9 622.36
0.24	6 191.19	10 826.80	9 804.39
0.28	6 372.22	11 174.93	9 986.09
0.32	6 552.22	11 521.78	10 167.52
0.36	6 731.27	11 867.46	10 348.74
0.4	6 909.45	12 212.05	10 529.78
0.44	7 086.82	12 555.65	10 710.69
0.48	7 263.45	12 898.32	10 891.50
0.52	7 439.38	13 240.14	11 072.23
0.56	7 614.68	13 581.16	11 252.90
0.6	7 789.38	13 921.44	11 433.53

在 AB 情形下,专用技术企业和共性技术中介企业共同构成一个联盟,该联盟增强了专用技术企业的博弈力量,因此,专用技术企业订购量随补贴率的增大而增加。在 GB 情形下,共性技术供给平台和共性技术中介企业共同构成一个联盟,该联盟与专用技术企业进行博弈,专用技术企业是博弈的跟随者,因此,专用技术企业订购量随补贴率的增大而减少,如图 4-3 所示。

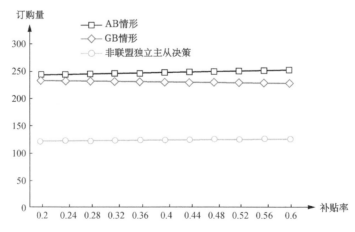

图 4-3　补贴率变化对各类情形下专业技术企业订购量的影响

在 AB 情形下,专用技术企业和共性技术中介企业共同构成一个联盟,该联盟与共性技术供给平台进行博弈。非联盟独立主从决策下,共性技术供给平台与中介企业进行博弈,中介企业与专用技术企业进行博弈。由表 4-4 知,非联盟独立主从决策下和 AB 情形下的共性技术供给平台单位技术出售价格相同。

表 4-4 补贴率变化对共性技术供给平台单位技术出售价格的影响

t	非联盟独立主从决策	AB 情形	GB 情形
0.2	32.75	32.75	21.177 083 3
0.24	32.63	32.63	21.171 175 9
0.28	32.52	32.52	21.167 114 3
0.32	32.41	32.41	21.164 600 6
0.36	32.31	32.31	21.163 386 7
0.4	32.21	32.21	21.163 265 3
0.44	32.13	32.13	21.164 062 5
0.48	32.04	32.04	21.165 631 8
0.52	31.96	31.96	21.167 849 7
0.56	31.88	31.88	21.170 611 4
0.6	31.81	31.81	21.173 828 1

由图 4-4 知,在 AB 情形下,共性技术供给平台单位技术出售价格随补贴率的提升而减少,且递减的速度越来越慢。补贴率提升意味着政府对共性技术供给平台的补贴增加,补贴的增可以弥补单位技术出售价格下降带来的利润损失,因此,共性技术供给平台有动力在补贴率提升的情况下降低单位共性技术的出售价格。

由图 4-5 知,在 GB 情形下,共性技术供给平台单位技术出售价格随补贴率的增加先减少后增大。

当 $t=0.4$ 时,非联盟独立主从决策下,$\omega^*=32.21, \delta^*=18.89, Q^*=125, \pi_g(\omega^*)=4\ 499.18, \pi_b(\delta^*)=1\ 606.85, \pi_a(Q^*)=803.42$,技术链的利润为 6 909.45。

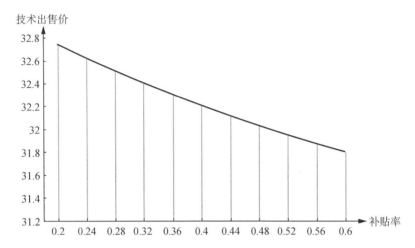

图 4-4　AB 情形下补贴率变化对共性技术供给平台单位技术出售价格的影响

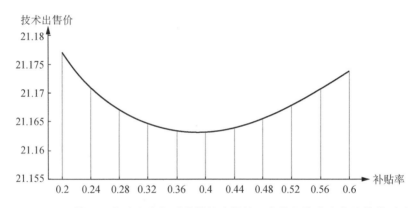

图 4-5　GB 情形下补贴率变化对共性技术供给平台单位技术出售价格的影响

当仅仅进行收益分享、不进行中介成本分担时,当 $R=0.5$ 时, $Q^{***}=168, \delta^{***}=14.67, \omega^{***}=3.17, \pi_a(Q^{***})=726.07, \pi_b(\delta^{***})=1\,452.15, \pi_g(\omega^{***})=4\,792.09$,技术链的利润为 6 970.31。

R 越大,表明专用技术企业保留的收益越多,分享给共性技术供给平台的收益越少。由表 4-5 知,当 $R \leqslant 0.4$ 时,共性技术单位技术出售价格为负值,在现实中不具有实际意义。这意味着 R 值不能过小。当 $0.5 \leqslant R \leqslant 0.6$ 时,技术链的利润处于 6 970.31 与 6 888.72 之间。当专用技术企业保留的收益较多、分享的收益较少时,并不能改善整个技术链的利润。当专用技术企业将自身的收益与共性技术供给平台进行收益分享时,共性技术供给平台降低共性技术出售价,专用技术企业会增加订购量,此时,整个技术链的利润得到提升。专用技术企业分享的收益越多,技术链的利润改善得越明显,但自身所获取的最终收益越少。

表 4-5　收益分享比例变化带来的影响

R	Q^{***}	δ^{***}	ω^{***}	共性技术供给平台	中介企业	专用技术企业	技术链
0.1	299	9.10	−15.69	6 763.49	926.51	463.25	8 153.25
0.2	243	11.02	−12.04	5 848.43	1 218.42	609.21	7 676.07
0.3	208	12.45	−7.41	5 323.65	1 342.10	671.05	7 336.80
0.4	184	13.63	−2.27	4 999.50	1 408.31	704.16	7 111.97
0.5	168	14.67	3.17	4 792.15	1 452.15	726.07	6 970.31
0.6	155	15.61	8.79	4 658.56	1 486.78	743.39	6 888.72
0.7	145	16.48	14.53	4 574.76	1 517.69	758.85	6 851.30
0.8	137	17.32	20.37	4 526.02	1 547.36	773.68	6 847.06
0.9	130	18.12	26.27	4 502.94	1 576.90	788.45	6 868.29

专用技术的利润始终低于没有进行分享时的利润 803.42。中介企业的利润也始终低于没有进行分享时的利润 1 606.85。只有当收益分享的比例因子在合适的区间,并将改善后的利益对专用技术企业进行补贴时,专用技术企业才有动力进行收益分享来改善整个技术链的利润。

当仅仅进行中介成本分担、不进行收益分享时,当 $\tau=0.4$ 时,$Q^{***}=102$,$\delta^{***}=23.59$,$\omega^{***}=39.30$,$\pi_a(Q^{***})=538.16$,$\pi_b(\delta^{***})=1\ 793.86$,$\pi_g(\omega^{***})=3\ 731.23$,技术链的利润为 6 063.25。当进行中介成本分担时,中介企业趁机提升单位共性技术的中介价格来最大化自身的利益,此时,中介企业的利润高于不进行中介成本分担的情形($\pi_b(\delta^{***})=1\ 793.86>\pi_b(\delta^*)=1\ 606.85$)。当专用技术企业和共性技术供给平台仅仅进行中介成本分担时,中介企业提升中介价格,使得专用技术企业的订购量减少,由此导致专用技术企业的利润、共性技术供给平台的利润和技术链的利润低于不进行中介成本分担的情形。在此情形下最大的受益者是中介企业。仅仅进行中介成本分担,不但不能改善共性技术技术链,反而会恶化共性技术技术链。由表4-6知,中介成本分担的比例越高,共性技术供给平台、专用技术企业和技术链的利润被弱化得越明显。

表4-6 中介成本比例变化带来的影响

τ	Q^{***}	δ^{***}	ω^{***}	共性技术供给平台	中介企业	专用技术企业	技术链
0.1	120	19.82	33.72	1 662.70	748.21	6 767.18	4 356.27
0.2	115	20.89	35.37	1 715.37	686.15	6 587.01	4 185.49
0.3	109	22.13	37.21	1 761.13	616.40	6 357.68	3 980.15
0.4	102	23.59	39.30	1 793.86	538.16	6 063.25	3 731.23
0.5	93	25.32	41.68	1 803.32	450.83	5 680.44	3 426.30
0.6	83	27.41	44.47	1 771.93	354.39	5 174.05	3 047.73
0.7	70	29.99	47.81	1 668.59	250.29	4 488.51	2 569.63
0.8	53	33.25	51.90	1 435.62	143.56	3 531.63	1 952.44
0.9	30	37.51	57.10	959.69	47.98	2 140.11	1 132.44

当同时进行收益分享和中介成本分担时,当 $R=0.5, \tau=0.4$ 时,$Q^{***}=142, \delta^{***}=18.22, \omega^{***}=8.24, \pi_a(Q^{***})=519.53, \pi_b(\delta^{***})=1\ 731.78, \pi_g(\omega^{***})=4\ 121.64$,技术链的利润为 6 372.95。由表4-7知,中介成本分担会弱化收益分享带来的好处。

表4-7 收益分享和中介成本变化带来的影响

R	τ	Q^{***}	δ^{***}	ω^{***}	共性技术供给平台	中介企业	专用技术企业	技术链
0.1	0.4	280	10.83	−12.89	6 463.56	1 352.21	405.66	8 221.43
0.2	0.4	217	13.49	−8.59	5 341.80	1 628.60	488.58	7 458.98
0.3	0.4	181	15.38	−3.36	4 730.17	1 701.50	510.45	6 942.13

(续表)

R	τ	Q^{***}	δ^{***}	ω^{***}	共性技术供给平台	中介企业	专用技术企业	技术链
0.4	0.4	158	16.90	2.32	4 359.49	1 723.12	516.94	6 599.55
0.5	0.4	142	18.22	8.24	4 121.64	1 731.78	519.53	6 372.95
0.6	0.4	130	19.41	14.31	3 964.76	1 738.93	521.68	6 225.37
0.7	0.4	120	20.53	20.47	3 860.89	1 748.14	524.44	6 133.47
0.8	0.4	113	21.58	26.70	3 793.61	1 760.37	528.11	6 082.09
0.9	0.4	107	22.60	32.98	3 752.64	1 775.70	532.71	6 061.04

4.4 结 论

技术链中共性技术供给平台、共性技术中介企业、专用技术企业之间的博弈，使得技术链收益不能最大化，在共性技术技术链中存在双边际化效应。技术链中任意环节成本的增加会导致内耗，这些内耗削弱了技术链各个利益主体的盈利能力。技术链中任意环节成本的增加均会导致专用技术企业订购量的减少。政府对共性技术的补贴将使企业的订购量增加，中介价格增加，共性技术出售价减少。通过技术链传导也使得技术链上各方的利润增加。

在由共性技术企业主导的技术链中，共性技术企业利润是专用技术企业利润的两倍，博弈领导者的利润总是高于被领导者。专用技术企业和共性技术中介企业共同构成的 MT 联盟与共性技术供给平台之间的博弈，减少了博弈的层级，增加了专用技术企业对共性技术供给平台的订购量，促进了共性技术供给平台的共性技术供给，改善了整个技术链系统的利润。联盟决策下的共性技术供给平台出售价与非联盟分散决策下的共性技术供给平台出售价相同，但联盟决策下的订购量是非联盟分散决策下的订购量的 2 倍，联盟决策相对非联盟决策可以实现帕累托改善。通过收益分享方式来实现产业共性技术技术链帕累托改善的条件比较苛刻。

5

产业共性技术的形成机理及供求平衡

5.1 产业共性技术形成的供给机理

从科学技术和经济、社会的发展史以及共性技术形成的内因和外因上看,产业共性技术形成的供给机理主要有以下三个方面。

5.1.1 科学、技术和经济的一体化发展

从技术特性上看,科学、技术和经济发展越来越一体化,跨产业技术进步和产业技术创新凸显更加重要的地位,产业共性技术除了通过技术创新走向新的技术角逐,技术平台越来越多之外,产业共性技术越来越受到人们的重视。从科学的发展过程看,科学可以分为基础科学和应用科学;从技术的发展过程看,技术可以分为实验技术、共性技术、应用技术和专有技术。另一方面,随着科学技术化的趋势日益加强,科学和技术已成为一个有机的整体,科学与技术一体化的趋势越来越明显。帕维特(K. Pavitt)在《技术的性质》中提到,随着科学与技术一体化的趋势越来越强,比如当 GE、贝尔实验室的工程师获得诺贝尔科学奖时,严格区分科学与技术已经没有什么太大的意义。从科学技术的发展趋势出发,技术的发展趋势是技术的同质化发展在增强,技术的融合在增加,更进一步地,从社会层面上看,科学、技术

和经济的发展越来越一体化,技术的产业化发展越来越快速,所有这些促进了产业共性技术的形成。

5.1.2 科技研究和开发的分工越来越细

在现代社会,科学、技术和经济的一体化趋势,特别是技术的产业化趋势,决定了单个研发机构在从事技术创新活动时,都会感觉到自己的能力有限,这样单个个体不能、也不现实去完成从基础科学到专有技术的一系列过程的研究开发工作。大量的研究开发外包是这种情况的反应,国内外出现的众多专业研发技术的公司也证实了这一点。从制度上说,产业共性技术处于政府(包括非营利机构)和以企业为代表的营利机构关注点的中间地带。由于产业共性技术既不是经济学意义上的公共品,也不具备商业上的独占性,因而很容易出现营利机构和非营利机构都不供给的局面,即制度供给的失灵。从另外一个角度看,科学技术的一体化使得处于中间地带的共性技术包含的知识众多,单独的企业或者政府经常会感到供给上力不从心,导致制度缺失。此外,由于研究开发的分工越来越细,需要专门的机构来研究开发一类特殊的技术——共性技术,因而,共性技术的研究开发可能会出现"制度空洞"。

5.1.3 产业集群的发展

产业集群是指众多的企业根据专业化分工和协作而聚集在某一特定的区域内,形成一个规模较大的企业群体。集群的出现,把竞争从单个企业之间提升到更大的群体之间,它通过聚集经济和规模经济效应的发挥,实现了集群内众多企业特别是广大中小企业的资源要素整合,重塑了竞争形态。共性技术主要体现在工艺等通用技术上,企业都会使用到,有合作研发的基本利益导向。因此,通过在产业集群中组织相关企业进行合作,构建行业共性技术研发平台,集中力量开发行业共性技术,能在较短的时期内突破关键和重大技术领域的瓶颈,增强集群和企业的竞争实力,并通过共性技术外部性强、经济和社会效益大的特性,实现较少的投入而获得更大的创新产出。在产业集群中,相邻企业的技术发展很容易为其他企业所发现,通过技术转让与模仿,该项技术创新较容易地在集群内扩散。其他企业通过对此项科技创新的消化、吸收与模仿,在此基础之上进行技术改良,又导致渐进性的技术创新不断发生,形成强大的挤压效应。另外,在产业集群中各行动主体因地域的接近、交往的频繁等因素积累了丰厚的社会资本,减少学习与交流的成本。集群中技术溢出效应更强,专业知识更容易扩散。产业共性技术的发展与产业集群的形成相互影响、相互促进。一般而言,相对成熟的产业集群中的大部分企业的产业相关度高,它们对共性技术有着一定的需求,需要共性技术为其竞争性技术的开发提供基本手段和技术支持,以便实现新产品、新工艺的持续创新,从而提高集群企业的创新能力,最终提高整个集群的创新能力,实现集群的可持续发展。另一方面,产业集群对共性技术需求与共性技术供给之间产生强大的张力,构成了共性技术创新的动力;产业集群直接面对市场,可以准确地把握市场和技术发展的动向,为共性技术创新指明方向;产业集群内部信息交流的方便、快捷,创新活动的频繁、生产要素的聚集,为共性技术创新提供了良好的环境,主要表现在:产业集群内持续发生的创新活动,使产业集群内部的企业对共性技术需求不断增加,促使共性技术创新的速度加快;产业集群内大量具有专业化技能的人力资源集聚,为企业间的相互交流和学习准备了基础。企业在这种学习氛围内可以更方便地获得最新的技术知识,激发出创新意识,当这些创新意识在产业集群网络间流溢并不断地累积后,形成了产业集群的共性技术创新;当一个企业以共性技术为基础,形成竞争性技术创新成果出现时,邻近的竞争者将会模仿,企业间员工的互动与交流也会促进共性技术创新成果的扩散。这样又会促进共性技术被企业引入并应用于实践中,保证了企业竞争性技术创新的可持续性,从而提高了产业集群的整体创新能力和核心竞争能力。

在网络组织上,产业集群内的企业联系紧密,易于合作研发。企业为达到更高的生产效率,对共性技术的研发有一定的动机,产业集群内企业空间距离相对集中,彼此间分工合作,对某一项共性技术又有着共同的需求,因此,集群内的企业更倾向于利用空间优势合作研发新技术。在资金筹集方面,由多个企业共同出资,每个企业所分摊的部分少,从而更有利于资金的筹集。在研发过程中,各企业分工协作,也可以提高研发的效率。

在降低风险上,产业集群内的企业能集合大多数企业的集体力量,降低共性技术的创新风险。共性技术创新对单个企业无论在研发核心能力还是在市场信息的获得上都有较高的要求,单个企业很难同时具备这些能力。在产业集群内,一方面,企业间通过人才和技术的交流,集合大多数企业的集体智慧,易于研发的成功,降低研发风险;另一方面,企业间的信息交流可以相互弥补各自市场需求信息的不足,使研发投入的效益达到预期的效果,从而降低市场风险。

5.2 产业共性技术形成的需求机理

5.2.1 地方政府的经济、政治利益驱动

随着经济的发展,科学技术对经济发展的贡献越来越大,跨产业技术进步和产业技术创新凸显出更加重要的地位,企业间技术竞争正走向竞争前技术的角逐,提高企业的技术创新能力、增强国际竞争力迫切需要产业共性技术的支撑。地方政府是产业共性技术的间接受益者,对共性技术的强烈需求有自身的利益驱动。地方政府是产业集群的主体之一,产业集群又是地方经济的主要载体。地方政府主要通过公共产品供给为集群发展营造良好的环境,因此,地方政府与集群内企业之间的互动不是针对单个个体而是针对集群内企业整体,也是地方政府介入经济活动、实现其职能的需要。洪银兴教授认为,同中央政府相比,地方政府的行为更具有现代经济学意义上的"经济人"的某些特征,尽可能地追求自身财政的最大化,就必须保证本地企业的利益最大化,最终同本地企业相互依存。一方面,地方政府是经济市场中的"经济人",追求自身经济利益的最大化;另一方面,地方政府也是政治市场的"经济人",它追求政治利益的最大化。地方政府的经济利益与政治利益都需要借助于辖区内企业的发展而实现,产业共性技术是集群内企业发展的技术基础,是提升产业集群竞争力的关键,是产业集群持续发展的保证。因此,地方政府对产业

共性技术具有强烈的需求。税收是地方政府财政收入的主要来源。政府调节经济与社会发展的能力主要取决于两个方面:一是政府的法定权力,二是政府的财力。地方政府拥有的法定权力相对有限,且具有刚性,而且法定权力的实施还依赖于它的财力。没有一定的财力作支撑,地方政府的法定权力也难以有效发挥。因此,增加税收收入在地方政府的目标体系中有着非常重要的地位。产业集群的发展,必然带来企业收入与地方政府税收收入的同步增长。地方政府鼓励和扶持共性技术,促进产业集群的发展,也是在为自己培植税源。地方税收的增加也为增加政府工作人员收入、改善政府工作人员福利和办公条件创造了条件,在某种程度上是其追求自身利益最大化的动机。在我国现行的政治体制下,地方政府需要面对上级政府和辖区选民的双重激励和约束。如果居民的参政意识和能力有限,来自辖区选民的激励和约束则相对比较薄弱,上级政府对下级政府主要领导人的考评、奖励、提升,构成了政治激励的核心。经济指标因便于量化、便于比较,是评价地方政府政绩的主要依据。经验显示,地方政府官员的升迁与当地经济发展水平成正比,由于产业集群对区域经济显著的提升作用,地方政府官员从自身的利益出发,扶持共性技术、推动产业集群发展的动机更为强烈。

5.2.2 产业集群内企业规模发展的内在需要

企业的规模与共性技术的需求密切相关,集群内的龙头企业对共性技术的需求都比较强烈。决定我国产业在国际分工层次和产业链中的关键不是生产什么,而是生产是在什么样的产业共性技术基础上进行的。产业只有建立在先进的共性技术基础上,才有能力参与较高层次的国际竞争。争夺产业共性技术优势,正在成为区域经济竞争的新焦点。随着经济体制改革的深入,我国多种所有制经济发展很快,但从总体上看,国有大型企业仍然在行业中处于重要地位,是行业共性技术研究开发的主体。国有资产监管体制改革以后,国务院国资委和省、市国资委分别代表本级人民政府行使出资人职能,这为行业内国有企业之间加强技术合作,建立共性技术研究开发合作体和企业技术联盟,进而吸引高校和其他企业参与研究创造了条件。政府通过财政拨款支持、税收减免等措施,支持处于国内行业排头兵的企业,通过产学研联合,促进共性技术研究开发。在产业集群的企业集团内,一方面,企业间通过人才和技术的交流,集合大多数企业的集体智慧,易于研发的成功,降低研发风险;另一方面,企业间的信息交流可以相互弥补各自市场需求信息的不足,使研发投入的效益能达到预期的效果,从而降低市场风险。集群内的中小企业是共性技术的直接受益者,但对共性技术的需求不足,这既与共性技术本身的特点有关,也与企业的短期行为密切相关。一方面,共性技术是科学知识的初次应用,有一定的探索性、前瞻性和风险性,距离市场比较远,商业应用前景不明显,又不具备商业上的独占性;另一方面,产业共性技术尽管是企业产品创新和工艺创新的技术基础,但集群内的中小企业往往注重短期的利润目标,经营行为短期化,仅关心能够扩展市场或产生利润的应用技术。小企业对产业共性技术几乎没有需求,只需要能够赚钱的技术,对技术的需求以能否在短期内赚钱为判断标准。

5.2.3 产业组织战略联盟的发展

战略联盟是指由两个以上的企业、科研院所或高等院校等组织,通过契约或者隐形契约进行联合行动,合作开展研究开发和技术创新活动。随着科技进步速度的加快及全球技术竞争日益加剧,研发活动中的技术复杂性、综合性要求越来越高,为加快研发和产业化速度、降低和分散开发风险、提升创新成功率,越来越多的组织倾向于采用战略联盟的方式开展技术创新活动。共性技术主要体现在工艺等通用技术上,企业都会使用到,有合作研发的基本利益导向。因此,通过在产业集群中组织相关企业进行合作,构建行业共性技术研发平台,集中力量开发行业共性技术,能在较短的时期内突破关键和重大技术领域的瓶颈,增强集群和企业的竞争实力。并通过共性技术外部性强、经济和社会效益大的特性,实现较少的投入而获得更大的产出。大多数产业集群都是通过内部核心企业研发或外部引进的行业关键技术在集群内快速扩散,形成集群特有的产业主导技术,各企业围绕这一主导技术开展集聚经营,通过集聚优势下的快速学习和规模经济效应获取该主导技术下的竞争优势。

5.2.4 产业集群创新的需要

一般而言,目前我国相对成熟的产业集群中的大部分企业的产业相关度高,它们对共性技术有着共同的需求,需要共性技术为其竞争性技术的开发提供基本手段和技术支持,以便实现新产品、新工艺的持续创新,从而提高集群企业的创新能力,最终提高整个集群创新能力,实现集群的可持续发展。另一方面,产业集群对共性技术需求与共性技术供给之间产生了强大的张力,构成了共性技术创新的动力;产业集群直接面对市场,可以准确地把握市场和技术发展的动向,为共性技术创新指明方向;产业集群内部信息交流的方便、快捷,创新活动的频繁、生产要素的聚集以及弥漫着的"创新的空气"为共性技术创新提供了良好的环境,主要表现在:产业集群内持续发生的创新活动,使产业集群内部的企业对共性技术需求不断增加,促使共性技术创新的速度加快;产业集群内大量具有专业化技能的人力资源集聚,为企业间的相互交流和学习准备了基础。

企业在这种学习氛围内可以更方便地获得最新的技术知识,激发出创新意识,当这些创新意识在产业集群网络间流溢并不断地累积后,形成了产业集群的共性技术创新;当一个企业以共性技术为基础,形成竞争性技术创新成果出现时,邻近的竞争者将会模仿,企业间员工的互动与交流也会促进共性技术创新成果的扩散。这样又会促进共性技术被企业引入并应用于实践中,保证了企业竞争性技术创新的可持续性,从而提高了产业集群的整体创新能力和核心竞争能力。图 5-1 呈现了产业共性技术的形成机理。

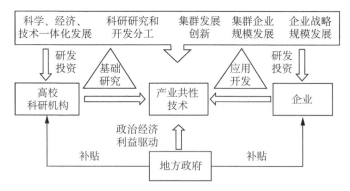

图 5-1 产业共性技术的形成机理

5.3 产业共性技术的失灵分析

许多学者对共性技术创新主体和创新机制进行研究后发现,共性技术的纳什均衡供给小于其帕累托最优,说明完全的市场机制将导致共性技术的投资不足,即共性技术的外部性导致市场机制作用下共性技术供给的不足,使共性技术的创新中出现市场失灵现象。但是,产业共性技术创新中出现的市场失灵与从交易成本理论出发的技术市场失灵具有不同的内涵。传统的技术市场失灵是由于技术具备隐含性、复杂性、累积性、不确定性和网络延伸性等特性,导致技术的市场交易成本太高,企业只能在内部进行新技术的研究与开发,基本上不考虑通过跨企业或跨行业的技术合作、技术交易和技术转让等外部方式来获取新技术的现象。

产业共性技术的市场失灵同样是由于技术的特性,特别是产业共性技术本身的性质所引起的,即由于技术本身的高难度性、复杂的网络外部性等技术特性,使单个企业无力独自承担共性技术的研发。产业共性技术的研究与开发必须由政府推动,通过企业与企业之间的合作或企业与高校、科研机构的合作才能完成,但这又使共性技术的产权很难清楚界定,反过来影响研发合作的可能。共性技术的交易成本包含了技术的学习成本、技术的累积成本等,因而使交易成本相当高,造成共性技术市场交易的障碍。共性技术特有的准公共品性、服务多用户性、效益广泛性,使单个企业不能保证技术的收益全部归属于自身所有,单个企业缺乏技术创新的压力与动力。由于上面这些原因,使得共性技术在很多产业领域都出现供给不足,即出现产业共性技术的市场失灵现象。

共性技术作为技术基础设施的一部分,处于基础研究转向应用研究的第一个阶段,距离商业化应用还需经历二次研发的过程,这也导致了基础性共性技术在市场机制下的扩散,会受到企业吸收和开发能力、价值评估、技术转让等诸多不确定因素的限制,而应用性共性技术又会因成果的外溢性以及知识产权的界定和保护不足等陷入制度失灵的困境。市场机制下共性技术的潜在价值性、准公共品性及竞争前技术性等固有属性及其引致的研发损益状况,是导致共性技术研发(多重)失灵的主因,表现为一个因素可同时引起一种或多种失灵,制度失灵是一种引致失灵。由于产业共性技术的"毛坯"属性和准公共品特征,其扩散过程常面临技术与市场的不确定性,易陷入制度和市场的双重失灵困境。图5-2呈现了产业共性技术研发失灵影响机制。

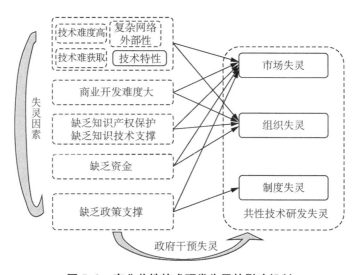

图5-2 产业共性技术研发失灵的影响机制

由于共性技术的单个参与主体组织规模太小、技术人才缺乏、企业管理等能力有限,不能满足共性技术研究开发的要求。即使共性技术开发成功后,自身也难以扩散,出现了组织失灵现象。市场和组织的失灵严重影响了共性技术的研发供给。

共性技术研发失灵的根源包括两个方面:一方面,共性技术具有天然的研发失灵特征;另一方面,由于政府支持体制机制不健全导致。企业的内在技术需求是研发共性技术的首要动机,但由于共性技术强的外溢性,研发收益难以独占,加之还需后续二次开发才能实现潜在的市场收益,使得企业共性技术研发动机难以强烈到转化为行为,企业的理性选择必然是对共性技术"投资不足",导致共性技术研发失灵。

共性技术的供给方面存在市场失灵、制度失灵和组织失灵,需要政府进行积极、有效的干预。但由于政府在产业技术发展中的定位和国家产业技术政策重点都还未转变到位,共性技术的评价标准和筛选机制缺失,使政府在干预共性技术研发活动方面存在政府失灵现象。政府通过资金、知识技术及相应配套政策等多元支持,可以有效地缓解共性技术研发(多重)失灵,知识技术支持缓解研发(多重)失灵的效果受到技术转化系数的正向调节,而知识产权制度是一把"双刃剑",既可以缓解供给的市场失灵和组织失灵,同时也可能出现扩散的市场失灵和制度失灵。政府应制定配套政策以保障政策支持的有效性,但必须预防政府干预失灵及其加剧(多重)失灵的可能性。

由于共性技术供给量少以及供给效率低,政府需要对共性技术的供给和需求总量进行宏观调控,需要发挥市场规则的制定者和裁判者职能,政府也需要适时、适度地干预共性技术的研究开发和扩散。

基于市场竞争加剧导致的产业价值链高端抢占、技术应用边界扩张与产品生命周期缩短,在技术创新链中处于基础地位的共性技术的需求空间与日俱增,产业共性技术的高质量供给和有效扩散成为持续关注的研究焦点。相对于纯粹的创新技术供给,新技术只有被有效地纳入生产过程才能更好地发挥其社会经济效益,产业共性技术市场创新扩散对其潜在价值发挥至关重要。为了探究和分析造成产业共性技术市场失灵现象更深层次的原因,应用经济学分析方法,从外部性效应的角度来分析产业共性技术市场失灵现象的产生。

5.3.1　共性技术的双重外部效应导致市场失灵

经济学理论指出,外部性是指由生产所引起的,给生产者以外的其他人带来的损失或收益;或者由消费所引起的,给消费者以外的其他人带来的损失或收益。共性技术是准公共品,从生产和需求的角度看,不仅具有正的生产外部性,而且具有正的需求外部性。

1. 共性技术生产者的外部收益分析

假定:边际私人收益(marginal private benefit,MB)是产品或服务的消费者增加一单位产品或服务的消费所获得的收益。

边际外部收益(marginal external benefit,MEB)是增加一个单位的产品或服务的消费给该消费者之外的其他人所带来的收益。

边际社会收益(marginal social benefit, MSB)是整个社会所享受的边际收益,即消费者消费产品或服务所得到的边际私人收益与其他人享受的边际外部收益之和,即:$MSB = MB + MEB$。

作为R&D费用投入较大的单个共性技术开发企业,取得最终成果后,一部分收益归自身所有,但是部分收益由产业内的其他企业共同享有,也就造成单个企业的边际私人收益小于产业内其他企业的边际社会收益,从而形成正的边际外部收益,由此产生了共性技术供给方面的正外部效应,如图5-3所示。

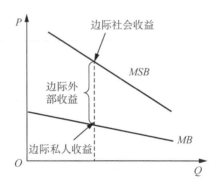

图5-3 单个企业的共性技术收益分析

2. 共性技术生产者的外部成本分析

假定:边际私人成本(mainal private cost, MC)是多生产一单位产品或服务,由产品生产者或服务提供者承担的成本。边际外部成本(mainal external cost, MEC)就是多生产一单位产品或服务,由其他人承担的成本。

边际社会成本(marginal social cost, MSC)是整个社会所承担的边际成本,包括生产者和其他人所承受的成本,等于边际私人成本和边际外部成本之和,即:$MSC = MC + MEC$。

由于共性技术具有准公共产品特性,外部性显著,所以,对于共性技术创新,产业内的其他企业完全可以选择不进行原发性的创新研究,而只是跟踪模仿,进行一些改进或改造研究,支付很少或者不支付任何费用地使用共性技术

(也就是公共产品"搭便车"的问题),从而形成单个企业投入共性技术研发的成本(MC)大于社会边际成本(MSC),形成了负的边际外部成本,由此出现共性技术需求方面的正外部效应,如图 5-4 所示。

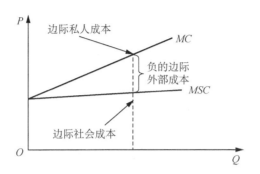

图 5-4　单个企业的共性技术成本分析

3. 完全市场机制下供求失衡,导致市场失灵现象

在完全市场机制下,由于生产和需求正外部性的存在,单个企业和产业内的其他企业分别按照自身的 $MC=MB$(边际私人成本=边际私人收益)的原则来确定自身的均衡量,单个企业依照供给曲线 $S_1=MC$、需求曲线 $D_1=MB$ 形成市场均衡 Q_1。产业内的其他企业依照供给曲线 $S_2=MSC$、需求曲线 $D_2=MSB$ 形成市场均衡 Q_2。在这里,由于外部性的存在,$MSB>MB$,$MSC<MC$,从而导致从事共性技术研究的单个企业的供给量小于产业内其他企业对共性技术的需求量,即 $Q_1<Q_2$,产业共性技术的供给不足,从而导致市场失灵现象产生,如图 5-5 所示。

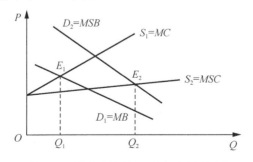

图 5-5　供求失衡模型(市场失灵现象)

5.3.2 市场失灵情况下的政府行为分析

产业共性技术存在严重的市场失灵,也就是说,在完全的市场调节下,共性技术生产单位的供给量很难等于产业内其他企业对共性技术的需求量,所以,需要政府在资金和政策上给予支持。政府可以采取财政补贴、税收优惠、促使企业之间的并购或联盟等行为达到有效率的资源配置,从而使市场失灵问题在一定程度上得到解决。下面以政府补贴为例,说明政府行为在解决市场失灵中所起的作用。

1. 不考虑成本外部性的政府补贴行为

在产业共性技术的研发中,当不考虑成本外部性时,也就意味着单个企业的边际私人成本等于产业内其他企业的边际社会成本,即:$S=MC=MSC$,此时,两条边际成本线重合为一条直线(如图5-6所示),它也是产业共性技术市场的供给曲线。在没有政府补贴的情况下,边际私人收益曲线是 $D_1=MB$,与供给曲线交于 E_1,这时的产出为 Q_1,但 Q_1 达到的市场均衡是无效的,因为在这点边际社会收益大于边际私人收益,边际私人收益有向边际社会收益移动的倾向,企业将不愿意提供共性技术的供给。在政府通过财政补贴进行干预的情况下,将补贴加入到单个企业的 MB 上,使 MB 向右上方偏移,达到 MSB,与供给曲线交于 E_2,产出为 Q_2,此时的边际社会收益等于边际社会成本,市场均衡是有效率的。由此可以看出,在政府进行干预的情况下,对边际私人收益低的研发企业给予补贴,可以提高其收益水平,促进有效供给和需求同步增长。

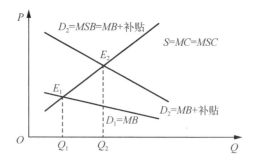

图5-6 存在政府补贴达到的有效需求市场均衡

2. 不考虑收益外部性的政府补贴行为

在产业共性技术的研发中,当不考虑收益的外部性时,也就意味着单个企业的边际私人收益等于产业内其他企业的边际社会收益,即:$D=MB=MSB$,此时,两条边际收益线重合为一条直线(如图 5-7 所示),它也是产业共性技术市场的需求曲线。在没有政府补贴的情况下,边际私人成本曲线是 $S_1=MC$,与供给曲线交于 E_1,这时的产出为 Q_1,但 Q_1 达到的市场均衡是无效的,因为在这点边际社会成本小于边际私人成本,边际私人成本有向边际社会成本移动的倾向,企业将不愿意提供共性技术的供给。在政府通过财政补贴进行干预的情况下,单个企业将政府补贴加入到 MC 中,使 MC 减少,MC 曲线向右下方偏移到 MSC,与供给曲线交于 E_2,产出为 Q_2,此时的边际社会成本等于边际社会收益,市场均衡是有效率的。由此可以看出,在政府进行干预的情况下,对边际私人成本较高的研发企业给予补贴可以降低其成本水平,促进有效供给和需求同步增长。

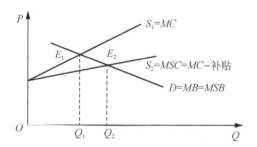

图 5-7 存在补贴达到的有效供给市场均衡

3. 同时考虑成本外部性和收益外部性的政府行为

在产业共性技术的研发中,当同时考虑成本外部性和收益外部性时,由于边际私人收入小于边际社会收入,边际私人成本大于边际社会成本,为解决市场失灵问题,可以通过进行财政补贴的办法,使边际私人收益上升到边际社会收益,MB 线向上移动到 MSB 线;可以通过实施税收优惠的办法,使边际私人成本下降为边际社会成本,MC 向下移动到 MSC(如图 5-8 所示)。此时,Q_1 点移至 Q_2 点,单个企业的市场均衡与产业内其他企业的市场均衡一致,从而有效地解决了市场失灵问题,促进了有效供给和需求同步增长。

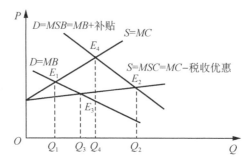

图 5-8　存在税收优惠达到的有效产出

通过对以上情况的分析可以看出,产业共性技术作为一种具备双重外部性特征的准公共品,政府采取一定的补贴和税收优惠政策,可以纠正由于正的外部性的存在而造成的市场无效率的产出,最终解决共性技术的供求失衡问题,消除市场失灵现象。当然,解决产业共性技术的市场失灵还有很多手段,如采取企业合并、产权配置、产业联盟、产学研合作等方法,将纠正其正外部性问题,实现资源配置的效率,达到社会要求的水平,从而实现社会福利的最大化,最终促进社会的发展。

5.4　产业共性技术的供求平衡与协调

产业共性技术具有公共产品和私人产品的双重性质,称为"准公共产品"。对共性技术的主体和创新机制进行研究后发现,共性技术的纳什均衡供给小于其帕累托最优,说明完全的市场机制将导致共性技术的投资不足,也即共性技术的外部性导致市场机制作用下共性技术供给的不足。另一方面,从需求看,随着科技体制改革的深入和科学技术的发展,跨产业技术进步和产业技术创新凸显更加重要的地位,政府和大型龙头企业对产业共性技术的研究越来越大,产业共性技术供求之间量的矛盾和结构性矛盾就显示出来。要使利益最大化,就要考虑供给和需求的动态平衡。这种动态平衡要求组织管理模式的不断变革和创新。

5.5　产业共性技术的供求案例分析

5.5.1　广东省产业共性技术供求案例分析

从广东省产业集群的实际情况来看,一方面,需要通过研发共性技术来提升产业的技术层次,以推动产业集群的技术升级和结构升级;另一方面,需要共性技术解决经济发展中的共性问题,例如,采取先进的环保技术减少或消除产业集群发展过程中的环境污染问题。广东省产业集群中共性技术的供求不协调,总体上共性技术供给短缺,集群内的大型企业和地方政府对共性技术需求比较强烈。而小型企业对共性技术的需求不足,这种状况直接影响了共性技术对产业集群发展的推动作用。

根据产业共性技术的特征和广东省产业集群中共性技术的供求状况,加强产学研合作,实现同步驱动,是实现产业集群中共性技术供求协调的主要途径。地方政府、企业、高等院校和科研院所在产业共性技术创新中扮演着不同的角色,且各有优势。共性技术是"准公共产品",地方政府既有义务提供,也有强烈需求。企业既是技术创新的主体,又是共性技术的直接受益者。高等院校和科研院所拥有雄厚的创新资源和创新优势。如果各方密切合作,就能够实现优势互补,形成合力,增强共性技术的创新能力。但它们有各自的目标和利益,找准它们的目标结合点和利益的"黄金分割点",是实现各方同步驱动的关键。要针对不同的集群类型,根据集群的产业特点和结构特点采取不同的合作方式。合作方式可以多样化、柔性化,以有利于共性技术创新为评判标准。

广东省在已有的区域科技创新服务中心和龙头企业的研发中心中,都已经实现了不同程度的产学研合作。例如,2002年,深圳市政府在全市优势传统产业内试点,以传统产业企业为服务对象,建设产业共性技术平台,此举属国内首创。目前,深圳市已建成服装、家具、钟表、电子、材料、电气、设计等七个行业的公共技术服务平台,根据筹建主体不同,深圳市传统产业共性技术平台有协会平台和研究院平台两种建设模式。协会平台依托服装、家具、钟表、珠宝等行业协会建设;研究院平台依托研究院、研究所、各类检测中心或其他专业研究机构建设,有电子产品质量检测中心、材料表面分析检测中心、电气产品质量检测中心等。平台属于企业化运作、自负盈亏的社团法人组织,功能定位于以先进大型公用仪器、设备提供检测认证、试验等方面的服务。平台的建设资金以政府投入为主,并定期审计。

深圳市共性技术平台为促进本地传统产业发展发挥了很大作用。平台所购置的先进检测试验设备,为企业产品研发、质量检测提供了方便,改变了某些检测认证需到国外或外地的现状,节省了企业的时间和费用;平台为企业技术进步、产品研发、管理咨询、人才培训、信息共享等方面提供全方位的服务,增加了企业产品的附加值,使深圳市优势传统产业的整体效益明显提升,产业环境变得优良,吸引了一些外地企业来深圳落户。

根据广东省科技厅的资料统计,省部产学研结合工作实施 5 年多来,到 2010 年 6 月止,省部产学研办公室对广东省参与省部产学研结合工作的 9 600 家重点企业进行的一项统计调查显示,广东企业与高校、科研机构共建的各类大小创新平台数量累计已达 1 700 多个,这些创新平台作为广东省创新体系的基础性工程的组成部分,已成为推进省部产学研结合工作向纵深发展的重要载体。

广东省大力推进国家实验室、国家重点实验室、国家工程(技术)研发中心等国家级创新平台与广东省地方政府或企业共建分支机构,鼓励有条件的地市政府或企业与高校共建高水平的研究院或研发中心。省财政投入超过 1 亿元,带动地方财政、企业、高校和科研院所相关投入近 30 亿元,支持国家重点建设高校、科研机构与广东省有关地市、企业共建创新平台。由于创新平台这一做法十分切合产业、行业、企业和高校、科研院所发展的实际需要,一时间各类创新平台如雨后春笋般地在南粤大地遍地崛起。东莞华中科技大学制造工程研究院、东莞电子科技大学电子信息工程研究院、广天机电工业研究院、北京科技大学广东研究院、北京师范大学珠海研究院等 18 个大型综合性创新平台、105个国家级创新平台分支机构、1 500多个校企联合平台成为引领支撑广东省产业发展的主角。

2007年,华中科技大学与东莞市人民政府共同投入2.4亿元,建立了华中科技大学制造工程研究院,成为省部产学研合作重大创新平台的一面旗帜。工研院充分利用华中科技大学在制造学科的7个国家级研发机构的优势资源,在东莞设立分中心及相关研发机构,依托华中科技大学在制造学科的人才、科技、信息等优势,建立了4大技术服务中心,牵头组建了2个省部产学研创新联盟,孵化了4家科技型企业,与东莞市、镇、街共建了4个科技创新平台,成为东莞市产业支援联盟的绝对主力。工研院通过"换脑换芯"工程,已经为广东省家具制造、纺织生产、墙材生产、电子制造、模具制造等行业开发了12台套行业关键装备,整体提升了相关产业的自主创新能力和核心竞争力,获得了显著的社会效益和经济效益。

研究院采取边建设、边工作的方式,为1 000多家企业提供了技术研发、技术服务、人才培养等公共服务,为企业增加产值超过10亿元,培养企业技术人才超过1 200名。在省部合作的助推下,广东工业研究院、华南家电研究院等20个省级科技创新平台也焕发出勃勃生机。目前,这批省级平台主要依托单位已增长到约70家,合作伙伴约300家,不仅包括省内的高校、科研院所和企业,还有省外乃至国外的著名高校和科研机构。

据统计,2017—2022年,20家省级平台累计承担国家科技支撑、国家自然科学基金、省重大科技专项、省产学研项目、省攻关项目等国家、省(部)和市各级科研项目超过473项,申请发明专利和实用新型专利390余项,其中,获得授权148余项。例如,材料检测与评价科技创新平台在国内首次系统地完成"汽车环境适应性关键技术研究与推广应用",成功开发了"汽车内饰件自然加速试验装置""TNR控制技术""汽车高分子材料指纹分析技术"和"汽车整车自然暴露监控技术"等4项国内领先的汽车试验与评价技术,填补了国内相关领域的空白。又如,华南家电研究院节能环保燃气具研发中心完成了冷凝技术、全预混技术、防腐技术、铜材料替换等技术的研发,成果转化后,形成了年产10万台的节能环保型燃气具的能力,在两年间共进行市级以上鉴定的成果4个,区级以上的科技计划项目7个。

创新平台依托集成创新优势,广泛联系高校、科研机构,建立紧密的产学研合作关系,并发挥高技术服务业的作用,为广东省攻克了一批行业共性技术、关键技术和核心技术,制定了多个领域的国家、行业和地方标准,建立了一批产学研创新联盟和示范基地,推动了广东省产学研结合工作的进一步深入。食品安全检测与评价平台各中心,利用新信息、新技术积极参与国家标准的制订和修订工作,在2007—2008年共主持及参与国家标准的制订和修订工作47项。华南精密制造技术研究开发院牵头中国科学院、哈尔滨工业大学等三十余家高校院所和企业,共同组建了国内首家精密制造产学研创新联盟,创新联盟充分集成创新资源,把解决单个技术问题的点对点产学研合作,扩展到联合开展产业共性项目和产业链上下游关键技术攻关。

这一切对加速广东省高新技术产业研发和成果转化,提高广东省重点科技领域的技术突破能力和创新能力,起到了良好的促进和推动作用。可见,这种产学研的合作机制很好地解决了产业共性技术的供给和需求的失衡问题。利用政府为引导,企业为主体,高校和科研机构积极参与的行为模式,充分发挥市场的作用,有利于解决产业共性技术的均衡、协调发展。

5.5.2 张江高科产业共性技术供求案例分析

张江高科技园区被誉为"中国硅谷",成立于1992年7月,位于上海市浦东新区中南部,是国家级高新技术园区,与陆家嘴、金桥和外高桥开发区同为上海浦东新区四个重点开发区域。经过30多年的开发,园区构筑了生物医药创新链,集成电路产业链和软件产业链的框架。园区有国家上海生物医药科技产业基地、国家信息产业基地、国家集成电路产业基地、国家半导体照明产业基地、国家"863"信息安全成果产业化(东部)基地、国家软件产业基地、国家软件出口基地、国家文化产业示范基地、国家网游动漫产业发展基地等多个国家级基地,建有国家火炬创业园、国家留学人员创业园。

伴随浦东开发开放国家战略的实施,园区逐渐肩负起引领国内高科技产业发展、塑造自主研发创新能力、实现与国际先进技术水平接轨、提升中国高新技术产业国际竞争力的历史重任。在国家相关部委的大力支持下,在上海市、浦东新区各级政府的支持下,园区各项经济指标不断跃上新台阶,涌现了一批具有国内先进水平乃至世界级水平的创新成果,培育了一批在国内相关产业技术领域处于引领地位的科技企业,造就了一批引领高科技企业乃至行业发展的领军人物。

张江集成电路产业的技术推动与平台创设、创新强化与平台支撑、创新驱动与产业提升三种企业参与研发的有效模式,为其他地区或相关产业发展共性技术提供了参考。张江已成为科技创新策源地,关键技术攻关取得重大突破,创新链条更加健全,科技创新的体制机制更加完善,资源要素配置更加优化,科技成果转化更加高效,成为高端产业引领极,先进制造业和战略性新兴产业集群的国际竞争力显著增强。

园区在集中打造主导产业的同时,注重通过产业技术的融合创新塑造新兴产业优势,寻找产业突破方向。在实现集成电路、软件、生物医药三大主导产业发展的同时,积极推动金融信息服务、信息安全、文化科技创意、光电子、生物技术、新材料和新能源等新兴产业与主导产业相互融合发展,形成紧密联系、互动发展的产业生态集群。

当前,中国科技创新发展临近突破的拐点:从量的积累到质的飞跃,从点的突破到系统能力的提升,从"跟跑者"到"同行者"。在世界对"中国将成为全球创新中心"的惊呼声中,张江率先完成了从创新自觉到尽情地舒展创新自信。经过30多年的发展,在2.4万余家企业,170余家外资研发中心、1 700余家高新技术企业的集聚下,张江科学城内集成电路、生物医药和人工智能三大主导产业不断取得关键核心技术突破,呈现年均10%以上的高增长态势。目前,张江集成电路产业已覆盖设计、制造、封装测试、装备材料等各环节,形成了一批国内龙头企业和"独角兽"企业。浦东已成为全国集成电路产业最集中、综合技术水平最高、产业链最为完整的地区。2020年,张江示范区集成电路产业销售规模达到约1 800亿元,占全市比重从"十二五"期末74%上升至87%左右,占全国的20%左右。

地均、人均产出效率均处于全国高新区前列,拥有中国最大的集成电路产业基地、生物医药产业基地及文化产业基地等。张江高新区的核心地带拥有7万余家科技型企业、700余家跨国公司研发中心和地区总部、1 400余个研发机构,世界500强企业占比达全国的33.3%;200万名从业人员和上海80%以上的高端人才均汇集于此；中国科学院、清华大学、北京大学、复旦大学、中国科学技术大学等知名高校和多个国家级科研院所、跨国公司研发机构及国家重点实验室均落户于此。

张江科学城当前正聚焦集成电路产业，打造世界级的集成电路产业集群。兆芯作为科学城集成电路产业当中的重要一环，具备极强的自主研发能力和产业上下游的带动能力。坐落在张江科学城的上海集成电路设计产业园正在加快推进建设中，这里将通过实施"千亿百万"工程，聚焦千家企业、形成千亿元销售规模、汇集十万人才、打造百万空间，力争建设成为国内领先、世界一流的集成电路设计产业园区。目前，产业园除芯片设计业外，晶圆制造领域有19条生产线引领全国发展；封装测试集聚了包括日月光、安靠、华岭等在内的龙头企业。

在集成电路产业方面，目前张江已经成为国内最集中、技术水平最高、产业能级最优的集成电路研发与制造一体化产业基地。园区内已经形成以芯片设计、晶圆制造业为龙头的"设计＋代工"的产业模式，包括设计、制造、封装测试及设备制造在内的国内最完整的集成电路产业链。在生物医药产业方面，园区形成了包括现代中药、化学药、生物制药和医疗器械在内的生物医药产业体系，探索形成"药物研发与临床应用"的医药产业发展模式，已经发展成为国内医药研发机构最集中、创新服务能力最强、新药创制潜力最大的生物医药基地之一。

园区不断改革创新，面对研发创新资源要素集聚对城市功能提出的新要求，提出了打造"科技城"的新目标；面对园区产业配套管理服务功能的新需求，张江集团提出了打造"服务集成商"的新战略。

6 产业共性技术产学研组织管理模式的优化

6.1 我国产业共性技术产学研组织管理模式的现状及存在的问题

知识、技术和人力资本已经成为一国经济发展的决定性因素。企业急需将知识、技术和人力资本等转化为新技术来提高自身的市场竞争力,然而,企业内部的人才储备和技术开发能力常常不能满足其需求。高校和科研机构作为高技术人才的集聚地和新科学技术的产生地,需要将新技术进行产业化来服务于社会。基于此,产学研合作应运而生。时任国务院总理李克强曾于2017年11月在产学研合作创新大会上提出:"加强产学研合作是促进创新发展的重要支撑,是实施创新驱动发展战略、加快推动产学研深度融合、促进科技难题攻坚和成果转化的重要举措。"大力推进产学研合作,有利于支撑相关产业的发展;积极探索产学研合作人才培养模式,对于人才培养与市场需求的精准衔接有着重要的作用。

产学研结合模式是产业共性技术组织管理模式中最有效的方式,但还存在许多问题。所谓产学研结合模式,是指在一定的制度环境下,产学研主体为实现各自的组织目标,对科学技术、资金、设备、人才等社会资源的优化配置及产出的合理分配。产学研结合在政府的政策引导和支持下,以市场为导向,以企业为主体,以高校和科研院所为依托,同时在金融等中介服务机构的辅助下,结合彼此的优势资源,建立的一种风险共担、利益共享、共同发展的合作伙伴关系。企业作为产业共性技术创新的主体,主导着产业共性技术的研发方向,并将知识创造视为塑造其核心竞争力的关键。

产学研合作是高校培养创新型、应用型人才的重要手段,也是当前时代非常重要的一种教育改革方式。通过产学研合作,高校和高科技公司有机地团结起来,促进高校科研成果转换,推动地方产业结构转型,带动地方经济发展。

一些研究表明,产学研合作对产业共性技术研发的影响效用明显高于企业;产学研合作对产业共性技术研发的影响在不同技术领域的影响效用不同,产学研合作对自身共性程度较低的技术研发创新具有良好的影响。

在共性技术的研发阶段,产学研合作有助于矫正成员之间的外部性,克服外部性带来的共性技术研发上的投资不足。产学研合作有助于共享创新知识和创新人力资源,使企业获得稀缺的研发人力资本,促进共性技术的研发创新。产学研合作有助于企业在高校、科研院所研究的基础上进行共性技术的研发创新,提升共性技术的研发效率。良性的产学研合作能够有效地降低研发成本与风险,提升技术的广泛性与关联性,实现共性技术突破与产业化进程,从而推动社会经济发展。产学研合作有助于企业把握共性技术的特点,弥补企业在技术能力和组织规模上的不足,弥补企业在学科知识上的不足,适应多学科融合的趋势,克服共性技术复杂性和缄默性带来的困难,有助于保证共性技术识别与遴选的有效性。产学研合作对共性技术研发资源获取的影响体现在研发资源互补,有效分散研发过程中的风险。

产学研合作作为科技、教育与经济一体化的特定表现形式,在其不断发展和实践中形成了多种合作模式,虽然各产学研主体根据自身的实际情况开展了多种形式的产学研合作,但效果大多不尽如人意。

传统的产学研合作模式已经不能适应当今经济社会发展的需要。传统产学研合作多采取联合开发和协议委托方式,适合于短、平、快的项目,而不适合战略性、系统性技术开发的需要,难以形成科技资源的有机整合机制,甚至造成低层次的科研重复建设。市场机制在产学研战略联盟组建、运行和发展中发挥重要的作用,但也存在着市场失灵的现象。产学研战略联盟是一种合作但并非合并的关系,存在第三方中介服务机构和政府公共信息服务平台针对产学研联盟组建、运行中的信息不对称问题、产学研各方合作动力不足及合作障碍问题以及利益分配机制问题。这都影响着产学研战略联盟的稳定性及联盟的可持续发展,甚至导致合作的失败。

为了推动整个产业竞争力的提升,促进产业结构转型升级和经济发展方式的转变,建设高效、生态的创新型经济体,政府作为产学研战略联盟发展的重要推动者和组织者,有责任也有能力协调运用创新资源,引导并构建国家自主创新体系,还可以运用财政、税收、信贷、人才、法律等措施来推动产学研战略联盟的发展。考虑技术领域特性的影响,鼓励产学研各方根据技术领域特性选择合适的合作伙伴。产学研合作创新效应存在地域差异,需要根据具体情境进行相应的政策调整,并对产学研合作的体制机制进行创新。

产学研战略联盟作为产学研合作的一种新模式和发展新阶段,是从战略的角度和组织的视角,推动产学研三方建立长期稳定的合作关系,从而为我国建设创新型国家提供新的战略路径。

尽管广东省在中国的经济发展水平处于第一梯队,广东省的高校在产学研合作方面处于国内相对较高的水平,但是广东省的教育发展仍然跟不上其飞速发展的经济现状,所以亟待进行调整。

6.1.1 各产学研主体意识的现状及存在的主要问题

1. 高校的目标管理导向意识问题

产学研合作于 20 世纪初期从美国开始萌芽,世界各国都开始认识到产学研合作能够有效地将生产和教育、科研有机结合,构建以高校为中心的产学研合作体系,逐步成为推动社会发展的成功模式。许多发达国家的政府和大学已经树立了要通过产学研合作来把高校职能发展到教学、科研、社会服务人才培养质量的目标,通过改革改变传统高等教育的形式,并不断发展完善。

高校一般只重视科研成果而不重视科技的开发,只将发表论文和成果获奖作为科技业绩考评、职称评定和选拔人才的重要指标,忽略了成果的转化和实际应用。高校管理人员对产学研结合的认识也不够,致使目标管理政策的导向出现问题。高校科技人员在创新型科技人才的培养、知识产权、成果转化及科技开发等方面的意识比较淡薄,例如,在研究项目立项时,仅注重跟踪国内外前沿性研究,对研究项目的知识产权、企业需求和市场前景等重视不够,没有与企业联合走向市场的意识,研究成果与企业需求不匹配,大多数科技成果处于基础研究和实验室阶段,距离市场较远,即使一些成果通过了鉴定或小试,也无法实施产业化,与企业期盼的科技成果能够快速进入市场、产生经济效益不匹配。技术成果成熟度不够也是导致目前高校科技成果转化率低(10%左右,远远低于发达国家的50%—80%)的主要原因。

2. 企业的诚信意识问题

部分企业诚信度不高,技术创新的主体——企业尽管对科技成果需求旺盛,但部分企业是为了寻求"卖点"而进行合作,更多的是重视学校的品牌等无形资产,将其拿到市场中为企业获取短期利益,对一些近期内看不到效益的合作缺乏积极性。有些即使签订了项目合作协议,在实施的过程中,因为利益分配不均、中试条件不够等原因,在后期也不履行协议,或者在获取部分利益、获得核心技术成果后,就以种种原因解约或者直接不再履行,以免让学校分享更大的利益。诚信经不住市场利益的考验。

3. 地方政府管理职能问题

产学研合作对推动区域经济发展的积极作用毋庸置疑,政府正逐步高度重视产学研工作,试图通过产学研合作促进地方经济的发展。因此,全国各地都在举行规模不等的产学研洽谈会、科技成果展览会,有的地方提出免费邀请高校参展,甚至不远千里组织地方企业代表、主管部门代表来学校寻求合作、就地举办产学研洽谈会。面对这种方式,高校积极参加并充满期待。然而,经过轰轰烈烈的场面后,接下来大多是杳无音讯,很难成就一对"鸳鸯"。政府在后续的跟踪落实上缺乏力度。从这个意义上说,这种活动带有盲目性而且形式重于内容。所以,地方政府管理职能须进一步加强。

6.1.2 产学研合作模式中机制、体制现状及存在的问题

1. 产学研合作模式中内部机制问题

产学研合作模式中的各方处于不同的领域,各自追求的目标和价值观念

不一样,导致合作各方的动力不够,活力不强。具体表现在:高校和科研院所的教师和科研人员比较重视个人的荣誉,追求学术理论成就,轻实践;忽视科技成果的开发与应用。教师和科研人员面向市场、面向实际应用的动力不足,同时由于高校和科研院所的改革力度不够,分配机制不完善,利益分配不公等现象的存在,也导致高校和科研院所主动出击、寻求与企业合作的动力不足,活力不够。企业在实行市场经济管理体制以后,逐渐发展成为自主经营、自负盈亏、自我发展的企业实体,从企业自身发展的长远利益考虑,企业对高校和科研院所的科研成果有一定程度的需求,但是,目前我国企业经营者很多缺乏长远的战略目标,只注重短期行为,经营者为了在任期内获得最大限度的利益,往往会吃老本,拼设备,最大限度地使用人财物的潜力,只顾眼前利益,不考虑企业的长远发展,只要眼前企业的产品能维持生产,就不再投入资金引进新技术和开发新产品,缺乏科技需求的内在动力和活力。

2. 产学研合作模式中外部机制问题

目前产学研合作各方信息交流主要有以下几种渠道:高校、企业、科研院所之间通过亲朋好友、师生等方面的关系传递信息;政府或主管部门通过公布科技攻关项目指南、计划招标信息等方式传播信息;企业通过产品展览会、科技展览会、高新技术交易会等形式互通信息,建立合作关系。这些方式对加速科技成果的扩散、传播、转移无疑起到积极的推进作用。但是从总体上来看,产学研这个系统之间缺乏畅通的信息交流,信息量传播不广,市场信息、科技信息、生产信息仍掌握在各个系统之中。其主要原因是产学研合作的社会信息网络不健全,缺乏稳定的信息聚集中枢和扩散信息系统,信息中介服务能力也较薄弱。各类信息渠道不畅通,信息的辐射面不宽,难以形成产学研合作所需的信息畅通的良性渠道。

3. 产学研合作各方的管理体制问题

产学研合作各方在管理体制上仍然是条块分割,自成体制,各自为政。主管部门不同,运行制度也不同,导致在产学研合作的交接点上,合作各方都缺乏系统有效的管理。例如,高校和科研院所对项目选题、申报、成果鉴定等有一整套管理体制,企业则对成熟的产品的工艺、生产、销售等有一整套的管理制度和经验,但是各主体对成果鉴定以后的中试,以及开发、推广、应用、落实合作伙伴,沟通信息或牵线搭桥等介于高校、科研院所与企业之间的管理则缺乏有效的制度,使这一环节成为真空地带,而这一环节恰恰是产学研合作的交叉点或临界点,是推进科技进入市场必不可少的一环,缺了这一环,导致大批的科技成果束之高阁。同时,产学研合作模式中各主体利益分配不完善,常常产生矛盾。如科研成果转让过程中的价格问题、合作共建研发实体的各方投资比例与利益分配问题、成果的归属权问题以及知识产权问题,相互兼职的待遇问题等,这些问题的产生主要在于管理体制不健全,还没有形成一套系统、完整、有效的管理体制。

6.2 国外产学研组织模式现状及存在的问题

6.2.1 美国的产学研合作模式

美国在产学研合作方面起步较早,是最早实行产学研合作的国家之一,也是应用最成功的国家。美国在产学研合作模式的实践上,主要是以高校为核心的工业园的密切合作,建立高新技术园,开展技术创新活动,推动产学研实践。美国的产学研合作模式主要包括合作教育模式、合作研发模式和合作产业化模式。

1. 合作教育模式

(1) 辛辛那提合作教育模式。该模式的特点是合作教育的目标是培养学生的实际技能,将合作教育的领域局限在工程、建筑、设计等应用性比较强的学科领域;关注学生未来的就业和专业方向,要求学生在与专业相关的公司进行社会实践。通过全日制学习学期与全日制工作学期相互交替的模式实施合作教育,每年的实习时间至少达到全年的四分之一。辛辛那提合作教育模式的优点是合作教育具有实际的实施方案,容易接受,缺点是合作教育局限在比较狭小的应用技术学科内,不利于在多个学科领域开展。

(2) 安提亚克合作教育模式。该模式要求学生采取"工学交替"的方式完成学业,学生上午在校学习,下午和晚上实习,每周实习时间为 15—25 小时,学习与社会生产实践交替进行。该模式改变了辛辛那提模式主要在专业对口部门实习的做法,要求具有在多个社会生产领域和部门工作的经验,而且将合作教育的领域从应用技术学科拓展到几乎所有的学科领域。

(3) 社区与学院合作的教育模式。该模式的人才培养目标是提高美国产业工人的素质,为所在社区培养职业技术人才。社区学院的专业设置以实用型技术和服务咨询专业为主,课程设置门类繁多,教学组织多采取半工半读的形式。社区学院按照企事业单位的具体需求制定课程内容,为所在社区的企事业单位提供职工培训和在职教育服务。

(4) 企业与大学合作的教育模式。该模式是一种新兴的产学研合作教育模式,已覆盖制造、金融、通信、运输、公用事业、零售和农业等大多数行业领域。企业大学大都为大企业创办,大部分师资的实践经验丰富;教学实训场所多设在企业的实际生产部门,且教学组织形式灵活,教师的选择、课程的设置、教学时间和场地的安排以及教学形式和内容的确定等方面,都根据现实情况和实际需要而定;实训内容注重教育教学、科研开发和技术创新的结合,偏重应用性和技术性都比较强的内容。

2. 合作研发模式

(1) 政府主导合作研发模式。该模式的典型活动是研制原子弹的"曼哈顿"工程和第一台电子计算机 ENIAC 的研制。国家科学基金根据科研创新要求发布选题指南,大学或大学与企业联合申报,立项后根据选题要求开展研究,从而形成政府主导的合作研发模式。国家科学基金早期主要资助基础研究,20 世纪 60 年代后,开始关注应用前景较好的科研项目,并重点资助有企业投资开发产品的项目。通过国家科学基金的引导和倾斜,发挥高校在技术创新活动中的重要作用,促使其面向产业领域开展研究。

(2) 产业大学合作研究中心模式。该模式已成为美国规模最大、最成功的产学研协同创新联盟模式。其实施路径是,先期由国家科学基金提供种子基金资助,以培育产学研协同创新的领域和能力,后期由大学、产业、州或非政府组织提供完全资助。目前,美国共有 110 多个 I/UCRC 协同创新联盟网络,资助范围涵盖 100 多所研究型大学和 700 多家公司,由国家科学基金会工程教育与工程董事会统一管理。该模式的代表性联盟主要有麻省理工学院的生物技术加工工程中心、华盛顿大学的生物材料工程研究中心和迈阿密大学的大学与产业生物涂表中心等。

3. 合作产业化模式

(1) 科技工业园区模式。科技工业园区是指美国的大学、企业和政府部门依托研究型大学的人才和科研优势，通过不同方式兴建从事高新技术研究与开发的实验室而形成的高新技术密集区。美国的科技工业园区发展比较早，具有多种类型，分布比较广泛。科技工业园区的主要功能是扶持高校的科研人员创办各种高新技术企业，加快高技术成果的产业化过程，发挥高新技术的辐射作用。

(2) 企业孵化器模式。企业孵化器模式起源于美国伦塞勒综合工学院于20世纪70年代初推出的"培育箱计划"，旨在为新产品开发和小企业诞生与成长提供帮助。企业孵化器的创办主体包括地方政府或非营利组织、大学或研究机构、风险投资公司、种子基金投资公司或大企业，以及政府、非营利机构和私人合股四种类型；孵化的目标是新产品和小企业，孵化的对象是高新技术成果。该模式的特点是通过为企业提供便宜而富有灵活性的场地，并从技术、资金、设备、管理、人员培训和市场开发等方面提供各种支持性服务。

(3) 专利许可和技术转让模式。该模式是指大学和研究机构向企业发放专利许可和进行技术转让。美国政府于1980年和1982年先后发布了《专利商标法修订案》和《小企业发展法》等法规。这些专利法规的颁布，为科技成果发明人的权利提供了保障，促进了专利的转化，强化了美国人的专利意识，逐步构成了美国的专利战略，在美国的产学研合作中发挥了重要作用。另外，技术转让也是产学研合作的一种重要形式。大多数技术转让主要发生在高校以及研究机构与企业之间。为促进技术转让，美国联邦政府成立了多个全国性的技术转让网络，如1974年成立的美国联邦实验室技术转移联合中心和1992年建立的国家技术转让中心等。美国政府还于1986年颁布了《联邦技术转让法》，对技术转让的相关问题进行了规定，促进了科研成果的产业化。

(4) 高技术企业发展模式。该模式是指大学和研究机构为实现科技成果的产业化,通过与企业合作,培育和发展高技术企业的一种模式。该模式包括四种类型:一是风险投资型,利用风险投资基金创办高技术企业,开发和生产高技术产品;二是校企联合型,大学/科研机构和企业分别以高技术成果以及生产设备和条件入股,组成一个利益共享、风险共担的高技术联合体;三是技术引入型,企业有偿引入大学或科研机构的技术发明等高技术成果;四是改造升级型,通过引进高技术,对企业原来的生产技术、工艺或流程进行改造升级,将其发展成高技术企业。

美国产学研合作模式的成功,离不开政府的政策保障和资金支持,离不开高校对应用研究和产学研合作的高度重视,离不开企业在产学研合作中发挥的主体作用,离不开社会为产学研合作提供的全方位服务。

在政策保障和资金支持方面,颁布了《莫雷尔法案》《退伍军人就业法》《小企业技术创新进步法》《国家科学基金法案》《国家合作研究法》《美国技术优先法》等多项法律法规,推动产学研合作;政府资金、国家科学基金、面向中小企业的直接贷款为高校和企业提供了大量的研究经费,促进了产学研合作的成功。

在高校对应用研究和产学研合作的高度重视方面,大学都非常重视应用研究,注重与工业紧密结合,已经成为产学研合作模式的主角,是美国产学研合作取得巨大成功的基础。斯坦福大学主导兴建的斯坦福研究园催生了一大批世界知名企业,包括惠普、Google、Yahoo 等,是产学研合作产业化的成功范例;波士顿 128 号公路高技术园区使科技园区模式成了一种经典模式。

企业在产学研合作中发挥的主体作用方面,大企业的研发力量雄厚,拥有独立的研发机构,形成了从应用基础研究、技术开发到产业化的完整创新体系,一般采用以企业为主导的模式,如企业大学模式等。同时,大企业还通过与大学、科研机构开展多种形式的研发合作,从大学和研究机构获得人才和科研等智力资源,推进产学研合作。小企业大都通过专利许可和技术转让模式,从大学和科研机构获得相对成熟的创新成果,实现产学研合作。

在社会为产学研合作提供全方位服务方面,完备的中介服务体系促进了产学研合作,提高了产业竞争力。科技中介机构种类繁多,能为企业在产学研合作过程中遇到的各种困难提供全方位的服务和帮助。例如，在技术转让方面，成立了美国联邦实验室技术转移联合中心和国家技术转让中心等技术转让机构，通过这些技术转让机构，大学和科研机构能将专利和技术转让给企业，将科技成果转化为生产力。

6.2.2 日本的产学研合作模式

官产学研模式是日本产学研的典型模式。该模式的突出特点是由政府主导，日本政府不仅是产学研活动的组织者，也是具体活动的指挥者和参与者。中介机构参与、高校与企业进行深度合作。与美国的产学研合作模式不同的是，日本的官产学研由政府进行宏观调控与管理，企业协会、科技协会和学术协会执行具体工作，高校与企业在两者的指导与调节下密切合作，进行产学研实践活动。

政府通过法律法规、设立中介机构等方式鼓励高校与企业合作，形成了共同研究和委托研究为主要形式的产学联合支援制度，对日本产业技术发展起到了巨大作用。日本先后成立的产学协作委员会、产学协作中心、研究开发专门委员会、科技信息中心等民间组织，在日本产学研过程中起到了协调高校与企业的作用，成为两者之间沟通的"桥梁"。

日本的产学研合作模式主要有委托研究、共同研究、风险企业支援、派遣委托研究员、设立共同研究中心、建立科学园区等。

（1）委托研究。高校接受民间企业、地方团体、政府机构等委托而进行科研。所需经费由委托方全部承担。受委托方向委托方报告成果内容，研究成果原则上归属高校方。

（2）共同研究。由大学教师和企业的研究人员基于契约关系共同进行课题研究，两者以对等的立场确定共同课题，经费的负担根据约定决定。研究活动可以在高校或企业进行，设备由双方提供，成果双方共有。

（3）风险企业支援。为使研究成果事业化、实用化，高校教师、学生创设风险企业实施经营。经济产业省等行政机构出台了各种支持创办风险企业的措施。

（4）派遣委托研究员。为提高企业现职技术人员或研究者的能力，派遣他们到高校接受培训和进行研究。通过培训提高这些企业人员的研究水平,为企业开发研究作准备。获得的发明专利根据贡献的大小由指导教师和委托研究员共有。

(5) 设立共同研究中心。共同研究中心对企业开放,同时对企业技术人员进行继续教育和培训,开展研修,提供技术咨询,转让研究成果。

(6) 建立科学园区。以高校为中心建立科学园区。例如,筑波科技园依托筑波大学的教学组织形式,通过共同研究、委托研究、讲座等形式提供合作机制。设有 TLO 技术转让部门,帮助大学把研究成果转化成专利并转让给企业。

日本产学研合作的总体特征是官方和行政部门指导和参与度大,产学研合作得到了日本政府在政策规范、制度运行、法律保障以及科研人员的流动与培养等方面的强力支持。此外,资金保障有力,中介机构参与有效也是其成功经验。

6.2.3 德国的产学研合作模式

德国的产学研合作采用双元制模式。该模式主要体现在职业教育中,是企业与行业主导下的职业教育人才培养模式,由企业和学校共同承担人才培养任务,按照行业标准、企业对人才的要求组织教学和岗位培训,实现企业实践技能培训和学校理论学习的有机结合。双元制模式以企业为主导,由企业根据市场需求与自身客观条件,向与其合作的高校提出合作项目,然后由学校组织进行研发,研究人员由学校研究人员与企业研究人员共同组成,共同对项目进行开发,最后由双方共同将产品推向市场。合作资金由企业全部提供,高校在企业监管下对资金全权分配。一方面,学校可以获得资金、设备等资源,将知识转化成为生产力,同时有利于高校了解市场需求,更好地调整专业设置;另一方面,企业可以通过学校创新设备,提高企业的生产水平,进而扩大市场,提高利润。

6.2.4 美、日、德的产学研合作模式特征分析

美、日、德三国在产学研模式的构建上都结合本国的政治、经济、社会、文

化及教育政策的国情因素,在模式构建、法律体系、合作方式上都有不同的侧重点。

美国作为世界上产学研合作最成功的国家,其最大的优势就在于金融市场的高度发达,发达的金融市场带动了风险投资基金的蓬勃发展。健全成熟的风险投资运行机制为一大批中小型科技企业的创业提供了第一笔资金,提供了中小企业通过产学研合作逐步壮大的可能。值得一提的是,美国所特有的社会文化对产学研合作和风险企业的蓬勃发展起到很大的推动作用。美国社会崇尚能力,勇于冒险,崇尚创业,崇尚依靠奋斗而获得的成功,同时也给失败者足够的鼓励。这样的文化氛围渗透于美国社会的各个角落,无形中极大地推动了美国创业企业与高校的合作。伴随创业企业的蓬勃发展,美国的产学研合作进入了良性发展的轨道。政府在产学研合作中起引导作用,充分发挥市场机制的作用。

日本作为科技、经济强国也重视产学研合作,日本十分注重法律体系的建设,日本国会和各省厅等中央部门都积极制定相关的法律和政策,将产学研合作法律化、制度化。这在一定程度上加快了日本在顶尖高技术领域国际竞争力的提升,但也有其弊端,就是政府将规则制定得过于详细,管理范围过宽使得产学研合作各方的积极性下降。政府在产学研合作中起主导作用。

除了拥有各自的不同特点外,美日两国在推动本国产学研合作发展方面表现出一些共同的特点,例如,政府都在推动产学研合作发展中扮演重要的角色,尤其是大型的产学研合作项目,政府都是积极的倡导者,在项目初期发展阶段都注入一定的启动资金进行扶持等;两国都将中介机构视为推动产学研合作发展的关键因素,产学研合作中的中介机构内涵广泛,主要起着连接官、产、学、金等各方合作的作用,以便提高工作效率,减少合作中的交易成本。

政府、企业、学校三方责任明晰。尽管各个国家的产学研模式主导的组织不同,但都将政府、企业、学校三方的责权利进行清晰地界定,避免了因多方责任划定不清导致互相推诿的现象发生,有效地推进本国产学研的发展。同时,还设立专门的组织机构,如国家合作教育委员会(美)、产学恳谈会(日)、行业协会(德)等,用以协调产学研合作多方的沟通与联系。

教育法律体系完备。无论是合作教育模式的美国与官产学研模式的日本，还是双元制模式的德国，都对产学研模式进行了法律的规范。从产学研合作多方的责权利，到产学研合作教育的财政支持与拨款制度等方面，都有明确的法律条款和基本要求。通过立法的形式，确保政府、企业、学校产学研行为的合法性与规范性，较好地保证产学研模式持续健康地发展。

美、日、德三国的产学研合作模式种类繁多，既能满足不同学生的要求，也符合不同企业与学校的实际要求。美国既有交替学习与实践的交替模式、又有课余时间实践的并行模式；在合作学校层次上，既有综合性大学，又有社区学院，能够满足绝大多数学生的实践需求。对于日本而言，产学研模式更是深入到高中，使得更多高中阶段的学生能够获得社会实践的机会。我国在发展产学研模式教育的过程中，可以借鉴美、日、德三国的成功经验，明确政府、企业、学校三方的责、权、利，建立完备的产学研模式的法律体系，采用多样化的教育合作模式，着眼于长期的共同协调与发展，逐步推进我国产学研合作教育的深化合作，为国家培养和造就高素质的应用型人才。

6.2.5 当前我国产学研合作模式的优化

目前，我国产业共性技术的产学研组织模式的具体形式有技术转让、委托研究、联合攻关、共建科研基地、组建研发实体、人才联合培养与人才交流、产业技术联盟、大学科技园区、高新技术开发区等多种模式。

从政府所起的作用来看，可以概括为市场自发模式、政府引导模式和政府主导模式。在我国当前科技资金缺口较大的现实条件下，优化我国产业共性技术的产学研组织模式的总体思路是：政府应主导产业初期共性技术的研究、开发和扩散，充分发挥政府资金的社会效益，避免各主体的价值冲突和管理体制的滞后。产业成熟期共性技术的研究、开发和扩散则以企业为主体，以市场为导向，以利益分配机制平衡为支撑，以企业价值链理论为枢纽的产学研一体化组织模式，充分发挥企业、高校、科研院所的自主性，在企业的不同发展阶段采取不同的合作模式。

1. 政府主导下的产业初期的共性技术产学研联盟

现代产业的国际竞争已经从市场化阶段的技术竞争走向"竞争前技术"的

竞争,共性技术作为"竞争前技术",是一种应用于未来商业所进行的早期非常不确定的技术,能提供大范围的潜在应用机会。一旦应用,它们就能对企业和产业的技术层次和竞争力产生重要影响,进而对一个地区或国家的产业国际竞争力也产生决定性影响。针对共性技术研发领域普遍存在着严重的市场失灵,导致企业对共性技术的投资严重不足,世界各国政府逐步认识到政府在共性技术研究和开发过程中的作用和重要性。

首先,从共性技术的性质和特征角度而言,由于共性技术处于基础研究和应用研究之间,是基础研究迈向市场应用的第一步,是能否实现"惊险一跳"的保证,是基础科学研究成果的最先应用,是形成商业应用的基础,是介于公共产品与私人产品或竞争性产品之间的"竞争前技术"。所以,共性技术的研究需要政府的主导。共性技术除了和基础研究一样具有基础性、共享性、超前性、风险性等一般特征外,还包括不确定性和非独占性、多产业共用性、社会效益性等特征。实践证明,技术具有不同的层次、类型和特征,而企业的技术选择是以市场利益驱动为基础的,所以,许多共性技术开发领域的投资会出现市场失灵现象。美国商务部在分析社会资本投入技术研究、技术开发与技术商业化运作的过程中,发现了科技投资链的变化曲线,并把共性技术和基础研究领域投资出现递减而形成的低谷现象称为科技投入的"死亡谷(valley of Death)"。可见,政府主导共性技术开发有其必要性。

其次,从 R&D 生命周期不同阶段的投资和风险的角度看,政府主导共性技术开发有其必要性。从科学知识到技术创新,直至商业化和后续市场渗透整个过程的实践序列中,R&D 投资曲线的形态呈现倒 U 型。在共性技术研究阶段,产业共性技术的 R&D 投资较少,在应用研究的投资却比较多。与应用研究和开发相比,共性技术和基础研究的花费比较少,但这一杠杆作用却是很大的,在开发大量新产品和工艺的应用 R&D 前,必须有"支撑"共性技术的基础。所以,在这一阶段解决引起投资不足的市场失灵,政府产业的杠杆作用是明显的和重要的。同时,共性技术研发阶段的风险较大,对于追逐利益最大化的私人企业来说,投资共性技术是不经济的。所以,在这阶段政府非常有必要主导投资并发挥杠杆作用。

在产业初期,政府应着重加强各类共性技术的基础设施建设。政府为了更好促进共性和关键技术的开发,应该着重加强各类基础设施,包括制度基础设施、组织基础设施和技术基础设施,为企业、院校、研究机构的技术合作、技术扩散和信息流动奠定创新平台。国家工程研究中心,生产力促进中心、行业共性技术基地等构成共性技术的组织基础设施,组织基础设施和国家合作研究法规构成制度基础设施。制度基础设施与技术基础设施共同作用,构成共性技术开发的平台和大环境。在良好的制度基础设施条件下,由国家统一分配资金、项目、共性技术计划,进行产业共性技术的研究开发以及其后的扩散。实现科技与经济目标的结合,市场导向与技术推动相结合,加速科技经济一体化进程。

2. 企业主导下的产业成熟期共性技术产学研联盟

当产业发展进入快速期时,企业的实力逐渐增强,技术和市场风险逐渐减小,政府就要采取直接资助和间接资助相结合的方式,鼓励和引导企业增加对共性技术研发的投入。当产业发展进入成熟期时,政府一般不再直接资助企业进行共性技术研发,而是注重营造良好的政策环境,让企业真正成为产业共性技术研发的主体。

当企业研发能力较弱时,可采用基于项目的委托开发的方式,这有利于企业依靠外部力量完成自身难以开发的项目或产品,及时满足市场需求的变动,对企业抓住时机、赢得市场机遇有重要作用,但委托开发本身不利于企业自身研发能力的提高。当企业已经具备了一定的研发实力,有较为完整的研发机构和一定数量的研发人员时,可以联合高校与科研院所对所需研究项目进行合作开发,共同完成研发任务。这可使企业在积累一定经验的同时,完善自身的研究机构,提高自身的研发能力。通过合作开发形成的产学研联盟,企业与高校及科研院或以合同、契约的形式,或可通过技术入股或股份制方式将联盟各方的利益紧密地联系起来,建立以企业价值链理论为枢纽的产学研一体化组织模式,从而实现技术合作的持续进行。

基于项目的委托开发与合作开发有如下显著特点:①风险承担方面,委托开发与合作开发不同于技术转让,技术转让的科研成果一般已经初具雏形,而基于项目的委托开发与合作开发的科研成果的不确定性非常大。技术成果成功的可能性取决于双方的投入或者努力程度。所以,合作的时候双方必须要对风险程度有清醒的认识,合作初期要规定合适的风险分担比例,研制费用与研究人力投入要共同承担,以避免合作中的机会主义行为。②利益的分享方面,基于项目的产学研合作的不同的利益分享机制对于合作主体有不同的激励作用。利益分享的多少由双方技术力量的对比、投资量的相对多少、技术相对先进程度等多种因素决定。可以基于产业价值链理论中各个环节的重要性和贡献度来决定各主体的利益分配。

3. 产学研合作具体模式的分时推进

根据产学研合作中企业技术能力的不同特点以及合作形式的紧密程度,可把我国产学研具体合作模式的时序推进分为早期阶段、快速发展阶段与高级阶段三个推进阶段。

(1) 产学研具体合作模式的早期阶段。在此阶段,企业的技术创新能力比较弱,技术需求所要求的层次也较低,在供给方面,科研院所的技术比较充足,所以,技术转让是产学研合作的早期阶段的主导模式。当然,早期阶段的时间不能持续太长,否则,不利于企业自主创新能力的提高。

(2) 产学研合作模式的快速发展阶段。随着产学研合作的深入,可能会出现技术市场上有效技术供给不足,工程化的、成熟的技术存量不足的情况,此时仅仅依靠市场交易并不能满足企业的技术需求,所以,产学研合作需要更紧密的组织模式。在企业没有相应技术能力基础的情况下,企业在此阶段可以选择委托开发的形式满足技术需求;如果企业具备一定的研发能力,在此阶段可以选择与科研院所共建研发机构或者采取合作开发的合作模式,通过更早地参与到研发过程满足自身的技术需求。

(3) 产学研合作的高级阶段。产学研合作经过早期的、随机的、松散的合作模式演变,技术上的互相依赖以及资源上的优势互补会推动产学研合作进入紧密的经营实体阶段。共建经营实体是产学研合作的最高阶段,绝大多数共建经营实体采用股份制企业的组织体系与管理方式进行运作。共建实体的实践表明,通过与科研院所的长期合作,企业与科研院所能够提高自主创新能力,实现经济利益上的双赢。

6.3 广东省共性技术产学研组织管理模式的现状、特征及存在的问题

6.3.1 广东省产业共性技术产学研组织管理模式的现状

尽管广东省在中国的经济发展水平处于第一梯队,广东省的高校在产学研合作方面处于国内相对较高的水平,但是广东省的教育发展状况仍然跟不上它飞速发展的经济现状,所以亟待进行调整。

广东省委、省政府倡导和支持产学研合作,力求创建有利于产学研合作的社会条件,颁布了促进产学研合作的有关法律法规,并积极促进这些法律法规实施。其中包括《广东省教育部科技部产学研结合发展规划(2007—2011年)》《广东省产学研省部合作专项资金管理暂行办法》《广东自主创新规划纲要》《广东省教育部产学研结合示范基地认定和管理办法(实行)》等,目的在于能够推进产学研合作的进程和合作深度,做好产学研合作的规范化管理,打造良好的产学研合作教育氛围和环境。另一方面,不断摸索产学研合作新的理念、合作方式和合作渠道,加强高校与企业、高新技术园区、人才孵化基地的有序合作,提高自主创新技术形成,促进省内科技成果转化,多方合作培养高层次、高素质的综合性人才,用创新和人才不断驱动广东的区域经济发展。为产学研合作提供更多的技术条件和合作环境,建设创新型广东、成果转化型广东,主要着眼于三个目标:提高区域产业竞争力;鼓励和引导广东省内公司和机构建立创新型科研合作和创新平台,包括国内外大学、科研机构、工商业等学习和研究的各个领域,合作开展生产;基于产业高精尖前沿技术研究、重大科研成果、关键技术运用,鼓励广东省政府、企业为产学研合作提供更加充分的支持,如资金、机构、配套设施、产学研合作方针和战略,打造广东省产学研合作联盟。

即使广东省的经济能力位于中国数一数二的位置,但其非凡的发展势头

主要取决于其地理位置和政策。创新型人才(尤其是高级人才)的短缺变得越来越严重。生产、教育、科研结合不充分的现状成为制约广东省经济技术向高素质发展转变的重要因素。挖掘广东省区域经济发展潜力、加强深化高校产业研究创新机制、产学研合作研究是加强广东省综合竞争力的重要手段,是广东省改革和发展的必然趋势。通过改变当前教育水平低下的现状,促进知识经济时代高等教育的发展。

产学研合作对高校的意义。促进广东省高校接受这一教育理念,打破传统观点的产学研合作模式,产学研合作一改传统学校的封闭式授课方式,更加注重人才的实践与实验,并结合学生学习和实践来实现高质量资源整合,通过面对面地与社会的互动,学校资源环境优势及与用人单位合作培养出高素质人才。作为一个实践机会,教师在产学研合作中的生产环境,发挥自身丰富的专业特长,在实践中发挥优势,帮助企业解决技术问题,对自身而言,也能获取实践知识,进一步提升专业技能,为开展科学研究积累更加丰富的实际经验,并应用研究结果。这不仅有利于教师的教学和科研,也为教学内容的更新替代创造了进步机会。在产学研合作项目开展过程中,教职员工可以被委派到企业,去实地进行考察和从事实践工作,在这个过程中他们的实践能力会得到提升,而且会从企业中获取到科研知识和管理技巧,他们能在企业中接触到各方面专业设备和前沿技术,有利于打造出更加高水准的教学队伍。

学校通过产学研合作有效的提高了学生的人才培养质量,培养越来越多高素质的学生,从而获得学生、家长和社会的欢迎,学校会获得更强的社会影响力和声誉,口碑因此也会不断提高,树立良好的社会形象,形成投入产出的良性循环。培养出高层次高素质的综合型人才,是高校教育得以常青的动力。有效开展产学研合作往往能够实现这个目标,除此之外,高校与企业进行科研合作,能够共同促进科研成果转化成经济成果,这也能为高校带来一部分经济效益,用以增加高校运营经费,科研经费等。本书对高校的意义主要有三点:促进高校产学研合作模式的改革、改善广东省高校的科研导向、推动广东省高校更好地服务社会。

产学研合作对企业的意义。目前企业正处于推动经济转型的关键时期,通过产学研的合作,不仅能一定程度上解人才缺乏、招聘困难的问题,而且能帮助企业自身进行产业升级。一方面,企业可以合理利用学生这一低成本的劳动力,还能为公司的人才资源池提前做好储备;另一方面,企业通过产学研合作,科研技术创新也得到了提升。企业可以轻松发掘优秀应届毕业生,找到更加适合本企业的员工。

企业参与产学研合作,改善了学生的实习环境,提高了与高校毕业生就业率,而且企业也能获得高校科研方面的管理知识和科学技术,企业可以在人才和团队的管理过程中获取非常宝贵的经验和财富,对企业自身的有序发展具有重要意义。在产学研合作的过程中相互配合,发挥各自的强大优势,促进科学技术创新、行业关键技术互通、提升企业科学生产能力和管理能力。

政府在产学研合作项目中起到协调管理和监督的职能。对于政府来说,产学研合作能构建省内创新体系,提高科技经济水平,为本省的 GDP 增长水平、税收能力、就业率等方面起到直接的促进作用。另外,能够帮助省内培养更多实用型、综合型的高层次高素质人才,从而增强区域创新能力,达到提高政府绩效的目的。

2005 年广东省政府和教育部、科技部就产学研展开试点工作。到 2010 年,取得了一系列令人惊叹的丰硕成果,产生了重大而深远的影响,在全国形成了推进产学研合作的新高潮,成为新时期我国产学研结合工作新的里程碑。经过多年的努力实践,广东省部产学研合作成功探索出一条高等学校、科研院所创新人才服务经济社会发展,解决科技与经济"两张皮"的有效途径,直接推动了高校的学科建设和人才培养模式的创新,促进了广东产业的转型升级,完善了广东区域创新体系,提升了产业的核心竞争力和应对全球金融危机的能力,目前这项工作正全面向着纵深推进。

根据广东省统计局统计,2005—2010 年广东省级财政累计投入省部产学研合作专项资金 10 亿元,带动广东各地方财政投入达 60 多亿元,引导带动企业投入资金 800 多亿元。已组建 31 个创新联盟,涉及 52 所国家重点建设高校、31 所科研机构和 295 家广东企业。国家重点建设高校与广东有关地市、企业共建了 200 多家研究院、研发基地、国家重点实验室分室和国家级工程(研究)中心分支机构等技术创新平台。已启动建设了 176 个省、部产学研结合示范市(区、镇)、研发基地和产业化基地,促进了高校重大科技成果的转化和产业化,发挥了较好的经验探索和示范带动作用。同时,广泛发动国家重点建设高校与广东200多个专业镇、产业集群区、产业转移园区等进行对接,整体提升区域产业的核心竞争力,开辟了高校服务地方经济的新领域。

2008年,两部一省联合启动的省部企业科技特派员行动计划得到了全国高校和广东企业的积极响应。2009年全面实施了"百校千人万企省部企业科技特派员创新工程"。目前,来自国内200多所国家重点建设高校和科研单位的2 200多名科技特派员,带领10 000多名应届毕业生,已经入驻2 000多家广东企业开展工作,广东大力推进省部产学研合作取得了丰硕成果。

1. 推动了广东产业转型升级

共性技术是一种竞争前技术,虽没有直接面向市场,但由于技术的同质以及大量技术的交叉融合,共性技术往往能为多项产业技术的进步与发展提供技术支撑,通过技术扩散带动多产业专有技术的研发应用,依托产学研创新联盟的集成创新优势,突破了陶瓷清洁生产、数控装备、电子信息等一批制约广东产业发展的重大共性技术难题,研发出一批有自主知识产权的重大装备和核心技术,形成了一批竞争力较强的自有品牌,孕育出一批新的高新技术企业,促进了一批传统产业转型升级。5年来,通过1万多项产学研合作项目的组织实施,研发出具有自主知识产权的新产品6 000多个,实现产值7 000多亿元,新增利税近千亿元。如清华大学、北京大学、中山大学、华为、创维、TCL等单位共同组建了"数字家庭省部产学研创新联盟",研发出广东省第一个数字家庭领域的技术标准,形成了334项数字家庭核心发明专利,实现了数字家庭各种设备信息互联、互访和相关技术的产业化应用,改变了我国数字家庭产业技术标准受制于人的现状。

2. 完善了广东区域创新体系

目前,通过省部产学研合作平台,全国重点建设大学和科研机构在广东共建创新载体超过200个,入粤开展技术研发和成果转化工作的专家教授超过了10 000名,为企业培养急需的技术和管理人才超过8 000人。特别是2008年"省部企业科技特派员行动计划"和2009年"百校千人万企省部企业科技特派员创新工程"全面实施后,来自国内150多所高校、60多所科研机构的2 200多名企业科技特派员,带着10 000多名由应届大学毕业生、在读硕士、博士研究生组成的科技特派员助理,深入到广东2 000多家企业一线开展科技服务工作,此举不仅为建设广东区域创新体系注入了一股新鲜的、充满生机和活力的巨大力量,大幅度增强了企业自主创新能力和应对国际金融危机的能力。

6.3.2 广东省产学研组织管理模式的特点

近年来,在政府的引导和支持下,广东省的产学研战略联盟迅速发展壮大,初步产生了良好的经济社会效益。这些联盟的发展具有以下特点:

1. 提升了高校服务经济社会发展的能力

相关高校在通过省部产学研合作有效支持广东现代化建设的同时,自身也得到了加快发展。近年来,清华大学、华中科技大学、电子科技大学等高校与广东省的横向科技合作经费年均超过1亿元。高校不仅从产学研合作中获得了经费支持,更重要的是把学校的科技创新推进到经济科技发展的最前沿,创新了学科建设思路,更新了人才培养理念,为学科建设、创新人才培养和教师队伍建设乃至毕业生就业提供了强有力的支持。

2. 参与面广,层次较高

目前,广东省已经形成多个产学研战略联盟,具体包括数字电视、数字家庭、机械装备、白色家电、精密制造、清洁生产、汽车用高级钢板、下一代通信产学研战略联盟、数字化制造装备、移动信息终端技术等产学研联盟。国内多家高校、科研院所和广东省多家企业参与到这些联盟。产学研各方都组织最强的技术力量,参与到产学研联盟的重大项目中去。在高校、科研院所方面,积极整合内部学科、技术和人才优势,形成国内一流的科研团队。在企业方面,重点引导行业的龙头企业、骨干企业参与组建产学研联盟,使得联盟的资金投入、技术实力、产业化条件都得到较好的保障。国内知名的大学,包括清华大学、北京大学、哈尔滨工业大学等,广东省的行业龙头企业,包括华为技术有限公司、美的集团、广州钢铁集团等,都是广东省产学研联盟的主要成员。

3. 重点突出，目标明确

广东省的产学研战略联盟，面向支柱产业和重点产业共性技术，重点解决现实发展问题。例如，移动信息终端技术产学研战略联盟重点解决终端产业中核心芯片的研发和应用、终端的个性化及标准化、移动终端显示器等关键共性技术。顺德白色家电产学研战略联盟重点研究开发以节能环保、健康舒适为主题的白色家电共性关键技术。汽车用高级钢板产学研战略联盟重点开展高级钢板的技术开发，通过技术攻关生产出满足汽车工业需要的热轧高强度汽车板。

4. 进展迅速，效益显著

广东省的产学研战略联盟，在发展高新技术产业、改造提升传统产业、推动清洁生产和可持续发展等方面，都作出了积极的贡献。例如，数字电视产学研战略联盟由深圳清华大学研究院、康佳集团、创维集团等单位组成，联合攻克数字电视的核心和关键技术，抢占了技术标准制高点，主要技术居国际领先水平。清洁生产产学研战略联盟，突破了一批陶瓷行业节能降耗减排技术，可使陶瓷企业的二氧化硫及粉尘排放量比国家标准低50%，陶瓷生产废水实现厂区内循环使用并达到零排放，建筑陶瓷超低温烧结节能技术实现了1 000 ℃以下建筑陶瓷超低温一次烧成，比普通烧结技术节能约25%。

6.4 产业共性技术产学研组织模式的优化思路

6.4.1 针对重要程度不同的产业共性技术，政府应采取不同的平台组建形式

根据重要程度，产业共性技术可以分为关键产业共性技术、基础产业共性技术和一般产业共性技术。关键产业共性技术是对整个国民经济健康发展有重大影响的技术。基础产业共性技术包括测量测试和标准等行业平台技术。一般产业共性技术是上述两种技术之外的产业共性技术。广东省政府可针对

不同的共性技术,组建不同的平台模式。一是通过建立国家研究院(所)地方分支机构,支持关键共性技术、基础共性技术的研发。重点攻克行业关键共性技术,引导产学研各方在深入、广泛地开展行业共性、核心技术需求调研的基础上,凝练行业发展需要解决的重大项目。努力实现关键技术与核心技术研发生产本地化与广东化。要根据建设创新型广东的目标与使命,在推进现代化进程中,确定重点产业和领域,并通过这些产业和领域带动全产业和全领域健康有序地发展。国家研究院地方分支机全部或大部分的经费由省政府提供,政府只对研究机构采用企业会计审核制度,不要求自负盈亏。二是以行业公共技术平台的形式支持一般共性技术研发。各地方政府可根据区域产业发展特色,设立地方研究院、企业联盟或产学研联合体,如深圳市行业协会平台和地方研究院平台。

6.4.2 平台定位于非营利性组织

政府对平台的支持以项目资助为主,从建立产业共性技术平台的目标来看,就是要利用平台的带动作用发挥共性技术的溢出效应。如果平台由企业营利性部门承担,很难实现公共性目标,如果由政府部门实施,又会因政府远离创新前沿以及管理理念与方式不适应,难以实现平台自我运作、持续创新的目标。因此,非营利性组织是一个较为合适的定位。日本工业技术研究院、韩国产业技术研究院、德国弗朗霍夫应用技术研究协会等当今知名的应用技术公共研发机构,均是非营利组织。在产业共性技术平台建设初期,政府给予资金、场地、政策等方面的扶持。但在平台发展步入正轨后,以资助共性技术研发项目为主,政府采购研发服务,实行合同管理、项目绩效评估,以利于研发成果的推广、扩散。

6.4.3 引入多元投资主体,整合区域社会资源

产业共性技术研发主体除了企业、高校、科研机构外,还包括行业协会、产业技术联盟、工程技术研究中心等利益相关者。共性技术研发平台的基础与核心是技术,高校、科研机构、工程技术研究中心有大量的研发资源和科技人才,而行业协会、企业对共性技术有着迫切的需求。以平台建设为接口,加强

利益相关者的联合，可以使现有资源得到充分、合理地利用；以平台建设为契机，对不同部门筹建的相关技术、相似功能、相近服务的机构进行整合，有利于集中政府资源，避免重复建设，提高平台建设的效益。同时，建立有效的资金引入机制，吸收社会各界投资，以充实平台建设资金，解决平台建设前期运作的费用。

6.4.4　促进产学研联盟形成合理布局

相比小企业来说，政府的资金资助更倾向于投给大公司或有极强研发实力的机构，但是如果企业间组成技术联盟等形式，则联盟很可能就会获得中央政府或地方政府的援助，例如，支持闪联联盟标准产业化的资金主要来自闪联发起的企业和公共财政。在高科技产业集群里，技术溢出一般较高且相对容易，集群内企业共性技术合作研发能促进集群创新能力提升，合作研发一般优于企业独立研发所获得的收益。联盟具有集中研发资源、分担研发成本、优势互补的优点，往往是一种相对较为松散的组合方式，由于数量较多容易产生协调困难和目标不一致等问题。

我国产业共性技术研发组织模式可以分为项目组织、技术联盟、研发基地和国家共性技术研究机构等。项目组织适合具有明确目标和期限的关键共性技术研发；技术联盟适合重大关键共性技术的研发；科研基地适合一般共性技术的研发；国家共性技术研究机构适合基础性共性技术的研发。

在产业领域上，以电子信息、生物与新医药、新材料、先进制造、节能与新能源、环保与资源综合利用等为重点。在区域布局上，以珠三角产业集聚地区为重点，发展产学研联盟，然后逐步带动粤东、粤西、粤北山区的产业发展。最终实现区域平衡和协调发展。在组建模式上，以大企业为龙头、特色优势产业为重点，关键共性技术为核心，有效整合技术、人才、资金、政策、服务等要素，实现多元主体间的大联合、大协作、大创新。

> **案例**
>
> 　　电动汽车产业联盟是联合开发、优势互补、利益分享、风险共担的技术创新合作组织，联盟的主要任务是通过整合资源，开展技术合作，突破产业

发展的关键共性技术、核心技术；通过联盟内资源的有效分工和合理衔接，实行知识产权共享；通过技术扩散和转移，加速技术成果的商业化运用，提升产业竞争力等。我国国家政府（或地方政府）主导的众多电动汽车产业联盟能否真正实现联盟的任务和目标，关键在于联盟的运行机制和运作水平。

电动汽车3个最重要的共性技术是电池、电机、电控技术，其他共性技术有电动汽车的总体设计、车身 CAS、CAD、CAE 快速充电技术、电池管理系统、电量指示仪等。我国掌握的电动汽车关键技术、共性技术已经接近世界先进水平。我国电动汽车产业要实现跨越式发展，必须以合理的组织模式和组织运行机制为依托，突破制约产业发展的共性技术、关键技术。

电动汽车产业是典型的知识密集型和资金密集型产业，电动汽车共性技术具有跨学科、跨部门、周期长、风险大等特点，其研究攻关必须以政府为主导，以市场为导向，整合产业的优势科技资源、先进制造能力和高技术人才，通过官产学研联合组织共同研发。以产业联盟的组织形式研究电动汽车共性技术、核心技术已得到国内外的普遍认同。2009年，美国成立了美国电动汽车产业联盟；2010年，日本成立了日本电动汽车快速充电协会；我国《电动汽车科技发展"十二五"专项规划》明确提出，支持组建产业技术创新联盟，以承担科技计划任务；以产业链、价值链和技术链为纽带，建立产业技术创新联盟和跨行业技术创新联盟，以及前沿技术创新联盟。在国家政策和地方政府的积极引导下，从2009年起，全国各地纷纷成立了电动汽车产业联盟，如北京新能源汽车产业联盟、重庆市节能与新能源汽车产业联盟、Top10电动汽车领导小组、广东省电动汽车省部产学研创新联盟、山东省新能源汽车产业技术创新联盟、吉林省新能源汽车产业联盟、河南省电动汽车产业联盟、天津市新能源汽车产业技术创新战略联盟、四川省新能源汽车产业技术创新联盟、江苏省新能源汽车产业联盟、安徽省新能源汽车产业联盟、央企电动汽车产业联盟等。

案例

钢铁可循环技术创新联盟由中国钢研科技集团、宝钢、鞍钢、武钢、首钢、唐钢、济钢、北京科技大学、上海大学、东北大学共同发起组建。以国家"十一五"重大专项"新一代可循环钢铁流程工艺技术"课题为首要研究任务,以7.2亿元作为首批启动资金,以建设世界一流钢铁企业曹妃甸工程为依托,整合科技创新资源,开发新一代钢铁可循环流程重大技术,着力解决资源、能源、环境对钢铁工业的制约,提高钢铁行业的市场竞争力,探索新型产学研合作的创新之路。

联盟将单体技术"点"集成为系统技术"链",已成为行业共性技术进步的主要驱动者。联盟以新型产学研合作模式整合有限的科技资源,开发新一代可循环钢铁流程。对于企业现有的技术,以企业技术中心为主,高校及科研机构为辅助;对于行业共性技术,以科研单位及高校为主,企业提供依托工程及配套经费。意在解决钢铁行业长期遗存的重大基础理论问题,促进中国钢铁材料结构调整和优化升级,提供国家重大工程和重大装备用关键钢铁材料,开发钢铁生产过程中高效、低耗和低排放技术,开发行业共性及关键技术,突破资源和能源制约。

联盟自主创新开发了新一代可循环钢铁流程工艺技术,实现了系统工艺与装备的集成创新。在河北曹妃甸建成了国内首个集钢铁产品制造、能源高效转换和消纳大宗社会废弃物三个功能于一体的大型钢铁企业示范工程。开发了新一代高强度低合金钢热轧钢板、第三代汽车安全减重用成型钢、新一代能源生产用耐蚀耐温耐压钢。突破了6大核心技术,集成创新220项技术,在河北曹妃甸建成了900万吨级的示范工程。

联盟发挥组织优势和项目依托优势,探索推动行业创新资源的整合共享,在科技平台建设方案、科技资源共享机制、构建技术创新链等方面进行调研,提出了共性技术平台建设方案。联盟整合现有的国家实验室、工程中心及企业技术中心等相关科研资源,建设钢铁行业技术创新平台、联盟科技协作网站、中外标准互换数据库、分析测试方法及设备数据库、科技情报信息数据库、对外科技交流数据库等。

联盟在产业内推进节能减排理念与技术作出了重要贡献,联盟的概念和模式得到了业界的高度认可和社会的普遍关注。应用新一代可循环流程工艺,每年可节约1 500万吨标准煤,加速推进中国钢铁业由大到强的根本转变。联盟按照技术创新规划,还积极策划组织实施了"钢铁流程铁前工序余热高效利用节能综合技术"研发项目。结合钢铁行业CO_2排放综合控制技术路线图,从钢铁生产工艺技术创新着手,拓宽炼铁工业节能思路,通过研究铁前工序余热高效综合利用技术,挖掘钢铁生产工序源头的节能减排潜力。实施推广后,全行业炼铁工序能耗至少可降低10%。

钢铁可循环流程技术创新战略联盟创新了产学研合作方式,得到社会广泛关注。联盟采用契约型合作模式,通过有法律效力的契约明确权利义务,约束各方行为,解决各种争议,形成持续稳定合作的长效机制,保证了企业、大学、科研院所之间的科技资源有效配置及合理流动,集中精力攻克产业战略高技术、超前技术以及共性技术,破解了实行企业化转制的行业骨干院所如何在提升产业核心竞争力中持续发挥技术优势的难题,为支撑行业技术创新提供了重要舞台,也为技术创新成果的大规模快速商业化运用提供保障。形成了建立在产业技术创新价值链基础上的新的合作机制与模式。

钢铁可循环流程技术创新战略联盟逐步成为国际一流的行业共性技术开发平台。在国家项目的牵引下,吸引企业巨额配套资金、聚集业内最优势的技术力量,把行业最先进的技术集成到一个公共平台上,开发行业共性关键技术,取得了很好的效果。联盟采用共同研发、成果共享机制,促进科研成果及时转化为现实生产力,增强了钢铁企业自主创新能力和产业竞争能力,提高了科技对经济增长的贡献率。产业技术创新联盟已成为获取行业关键共性技术、提高产业竞争力的有效途径。

联盟的建立顺应了我国产业发展战略,将行业内实力较强的大企业集团、大学和研究院所联合起来,实现资源共享、优势互补,提高了行业集中度,促进了产业结构升级。

6.4.5 以政府为引导、市场为导向、企业为主体

自 2005 年开始,广东省、教育部、科技部联合成立广东省教育部产学研结合协调领导小组,共同选择广东省作为中国开展产学研结合的先行示范区,联合推动国内著名高校和广东省产业界开展产学研结合,探索产学研结合建设创新型国家和创新型广东的新模式。广东省科技厅从 2008 年起设立"广东省产业共性技术重大科技专项",构建具有国际竞争力的当地无线射频识别(RFID)产业集群发展。

由于广东省具有市场发育比较成熟、产业链条配套、技术需求巨大等优势,国内高校纷纷将广东省作为重点开展产学研合作的地区,积极与广东省的企业建立各种合作关系。广东省产业共性技术研发对政府的依赖程度很高。由于企业不具备共性技术的研发实力,产业共性技术主要由科研院所供给。然而,随着当前科研院所企业化转制的完成,科研院所不可避免地要以追求利润最大化来指导自己的研发活动,无暇顾及共性技术这类相对没有近期经济效益的技术研发活动。于是,产业中单个企业提供共性技术的固有缺陷,与由单个企业承担共性技术研发平台职能的现状之间产生了相当严重的矛盾,导致科技创新平台体系中产业共性技术平台缺失,共性技术的供给匮乏。因此,迫切需要政府加强共性技术的研究开发与平台建设,为共性技术向传统产业特别是地方中小企业扩散创造条件。因此,以政府主导,以企业为主体,以市场为导向、利益相关者参与将是广东省产业共性技术产学研战略联盟的主要方式。

6.4.6 产学研组织管理模式存在的问题

(1)产学研联盟具有主体意识问题不统一、合作中利益分配机制不健全、政府未能合理行使职能等问题。而且还有区域本身的问题。例如,区域布局不平衡,粤东、粤西、粤北山区产学研联盟较少,知识产权保护还不够,组织机构建设还不够健全,市场服务体系尚不健全,技术入股的实施办法、科技股市与风险资本融资、技术交易等激励政策法规体系还比较落后,无形资产的评估体系还不完善等。

(2) 产学研合作各方利益分配机制不完善,利益保护政策和激励政策不健全。社会普遍认识到大力推进产学研合作的重要性,但是企业、高校、政府部门对产学研合作的利益诉求不同。高校的利益在于获得研发资金、学术成果、学术荣誉、提升学生的学历层次,没有足够意识到实践教育在合作教育中的特殊地位,对提高学生社会适应或社会适应的整体素质不够重视,同时缺乏生产性的产学研合作的平台和培养高层次人才的创新型系统。企业的利益在于获得科技成果并转化为经济利益,侧重于开发短期和快速绩效的科学技术成果,不愿将更多的经费和时间投入在人才培养上,高校和企业缺乏合作育人的动力机制。政府的利益在于共性技术的扩散及社会效应的最大化。

(3) 促进产学研合作的税收政策还不够有利。没有很好地发挥税收的导向政策来促进产学研合作,没有鼓励学术和产业人员交流的政策。目前学术和产业人员的交流呈现个体化、分散化特征,缺乏系统化和计划性。

(4) 政府未能合理行使职能。产学研合作体系由不同的行政管理组织组成,每个部门都有自己的上级部门和不同的运作管理系统。地方政府尚未为产学研合作制定明确的指导性合作政策,这容易引发产学研各方的注意力出现偏差,人们更多地把注意力放在与政府的良好沟通上,而不是横向职能部门的联系和合作的有效性。在产学研合作中政府过多的干预会降低合作的公平性,从而降低合作者的动机。

6.5 广东省产业共性技术产学研组织模式的具体方式

6.5.1 广东省产业共性技术产学研组织的模式

1. 合作开发模式

公司和大学不仅可以通过合同和联合研发项目提高研究效率和质量,还可以通过与共同基金,研究团队和合作伙伴的互动与合作来提高研究效率。开发和研发人员还可以提高联盟的研发能力以及研究人员的业务和创新能力。合作项目各缔约方之间的利益分配取决于所投入的资源量。企业共同投入资源进行合作开发，集中研发资源，整合整个产业的技术能力，分担研发投入的巨大风险，实现优势互补。由于产业共性技术所具有的基础性，再加上产业技术联盟巨大的外部规模效应，其技术成果会得到产业的普遍认可和采纳，并在知识产权可控的范围内得以迅速扩散，通常会成为行业的标准技术。

案例

华南理工大学与广东星联科技有限公司积极开展产学研合作，合作研发的"超高分子量聚乙烯制品短流程高效制造技术"获第22届中国国际工业博览会CIIF大奖。该技术运用国际首创的偏心转子拉伸流变塑化输运技术与模具表面处理技术的系统创新，突破了产品大规模推广应用的技术壁垒。具有节能降耗、提升性能等优势，带动上下游全产业链技术升级。超高分子量聚乙烯具备很多优异的性能，但加工难度大，生产效率低，加工成本高。由国家的重点研发计划支持，华南理工大学聚合物新型成型装备国家工程研究中心牵头，研发了这项全球首创的加工方式，提升了生产效率。

案例

温氏食品集团股份有限公司（简称温氏股份），创立于1983年，现已发展成一家以畜禽养殖为主业、配套相关业务的跨地区现代农牧企业集团。早在1992年，温氏股份便开始与华南农业大学畜牧兽医系签订长期技术合作协议，华南农业大学专家组进驻温氏股份，开展技术指导和技术研究，实行产学研相结合的创新模式。经过多年发展与沉淀，目前温氏股份已与华南农业大学、中山大学、中国农业大学等全国20多所高等院校以及中国农科院等多家知名科研院所签订了科技合作协议，进行长期、深度合作，构筑了强大的产学研相结合的科技创新体系。在畜禽育种、饲料营养、疾病防治、环境控制四大核心技术领域一直保持着领先优势。

温氏股份积极推动传统养殖业转型升级,构建了适合中国农村实际的养殖业现代化生产方式,在生产技术科学化、生产规模化和信息化等方面持续发力。温氏股份从中国农村实际出发,在行业中创造性地形成了紧密型"公司+农户(或家庭农场)"的模式,将农民纳入到公司产业链条的共建共享体系之中,培育了家庭农场这一新型农业经营主体。温氏股份的"公司+农户(家庭农场)"模式是企业参与组织形式创新,带领小农户对接大市场的一个成功样本,且非常符合我国国情,不仅把政府的扶持政策与农户的资本、劳动力、土地等资源进行了有效整合,并且引领小农户为满足大市场对于安全、优质农产品的需求而生产。近年来,温氏一方面通过推进现代化家庭农场建设,推动"公司+农户(家庭农场)"模式向"公司+养殖小区"模式发展,促进了中国养殖业由农民散养向规模化养殖的转变;另一方面注重科研创新,通过研发关键核心养殖技术,推广高效智能化的生产方式,引领养殖业现代化发展。

温氏股份现为农业产业化国家重点龙头企业、国家级创新型企业,组建有国家生猪种业工程技术研究中心、国家企业技术中心、博士后科研工作站、农业部重点实验室等重要科研平台,拥有一支由10多名行业专家、68名博士为研发带头人,531名硕士为研发骨干的高素质科技人才队伍。同时,温氏股份掌握了畜禽育种、饲料营养、疫病防治等方面的关键核心技术,拥有多项国内领先、世界先进的育种技术。公司累计获得国家级科技奖项8项,省部级科技奖项63项,畜禽新品种10个,新兽药证书39项,国家计算机软件著作权71项;拥有有效发明专利162项(其中,美国发明专利3项),实用新型专利310项。

案例

2008年,广州本田公司与中山大学开展产学研战略合作,并且成立了中山大学名校名企联合发展基金,该基金主要用于移动工具及相关领域的科学研究和人才培养,包括交通工程、环保技术、新能源与新材料等领域的研究,以及面向创新人才培养的实践教学平台建设和面向广州本田等企业的人才培养平台的建设。将进一步拓宽学校教学、科研发展所需资金的筹措渠道,有利于增强学校持续发展的能力,这是一项企业和高校合作的新尝试。产学研结合一直是教育工作者积极探索的课题,而对科技和人才的追求则为谋求长远发展的企业家所关注。中山大学名校名企联合发展基金的成立旨在解决以上两个问题、实现高校、企业与社会的"三赢"。

2. 联合共建实体模式

公司、大学和科研机构专注于共同目标,并将其部分人力,物力和财力集中在所创造财富的综合规划,管理,使用和分配上。通过行动创建科学和经济实体(如工厂、个体社区)是研究开发中最狭窄,最有效和最成熟的合作形式。

案例

广州市白云区与北京大学共同支持广东省激光等离子体技术研究院的建设,携手打造千亿元级新产业。研究院按省级高水平创新研究院、新型研发机构的标准建设,围绕飞秒拍瓦激光技术、激光加速器技术等方面展开应用研究与成果转化,促进激光加速器与医学、工业、电子以及材料等学科的交叉融合,提升产业化速度,提供孵化平台。

北京大学与白云区共建的研究院及产学研创新基地项目,是北京大学践行科技创新服务国家重大需求、推动解决重大实际问题的具体实践。北京大学将通过技术突破、产品制造、市场模式、产业发展等方式,对激光质子放疗设备及相关产业进行专业转化,为地方经济的产业发展转型做好服务。

研究院重点发展的"拍瓦激光质子加速器装置研究与应用示范项目"主要研发生产治疗癌症的体积小、造价低的激光质子刀产品,将为癌症的治愈带来新的可能性。激光质子刀目前处于实验室装置阶段,拟在5年内研发出拍瓦激光器样机,实现拍瓦激光器小型化,10年内建成世界上首台激光质子刀肿瘤治疗医用装置。根据资料显示,目前常规加速器治疗设备造价在10亿元以上,且需要一栋楼来容纳,而该院所研发的激光质子刀的目标是将造价缩减至1亿元以下,且体积能够进入中小医院,未来或可催生上千亿元的新产业。

为加快科研成果从样品到产品再到商品的转化,培育激光等离子体产业链,研究院将以"1+1+3"的模式进行总体规划建设,即建立1个研究院、1个人才中心、3个产业转化平台。3个产业转化平台分别为:1家为科技创新提供服务支撑,促进研发成果市场化运营的公司;1支在全球范围内寻找技术、项目、人才,为相关企业发展提供资金支持的基金;1个将建设成激光等离子体核心技术源头区和产业发展集聚区的产业园。

白云区与北京大学的合作,把北京大学的技术、人才、管理等优势,与白云的区位、空间、市场、生态等优势有机地结合起来,共同构建"科学发现、技术发明、产业发展、生态优化、人才支撑"全链条的创新发展体系。仅以人才为例,研究院落地后,拟建院士工作站和博士后工作站,白云区将拥有一支由北京大学组建的高端人才汇聚的科研团队。不止于此,研究院可以充分发挥人才中心的引才聚才优势,实现各方向人才的学科交叉和优势互补,乃至逐步建立高端人才聚集高地,使人才资源辐射白云更多的区域、更多的产业。

案例

华南理工大学、中新广州知识城管委会、中新广州知识城投资开发有限公司以及新加坡南洋理工大学联合建立中新国际联合研究院。中新国际联合研究院是汇聚世界一流研发资源的重大国际科技合作平台。

研究院以需求为导向,引入国内外知名大学和研发机构的优势科技、人才资源,通过机制创新和科技创新,建立"开放、多元、动态、高效"的创新模式,进一步释放科技资源的活力和创造力,加速国际先进、成熟的技术和产品落地转化。围绕广州市重点发展的IAB、NEM产业,研究院建设了人工智能、生命健康、新能源、新材料、绿色建筑与智慧城市及污染控制与环境修复六大研发平台,引进多个国际合作产业化项目,孵化及引进一批高科技创业企业。

中新国际联合研究院除了能充分利用新加坡南洋理工大学在电动汽车、城市工程、可持续发展和食品科学等方面的专长,也提供了让师生和业界交流、学习的平台。更重要的是,还将帮助解决中新两国共同面对的研发难题。研究院依托省、市、区及社会各类资源优势,吸纳世界顶尖人才和资源,努力建设成为世界一流的集技术创新与研发、成果孵化与应用于一体的新型研发机构,成为中新广州知识城创新驱动型产业发展的关键引擎,从而提升两国和地区的科研、人才的国际化水平,驱动世界范围内的知识转移和科技进步。

案例

深圳清华大学研究院是深圳市政府和清华大学于1996年12月共建的、以企业化方式运作的事业单位。研究院坐落于深圳市南山区高新技术产业园南区。20世纪90年代初期,支撑深圳经济发展的加工贸易业出现严重滑坡,促使深圳市践行创新发展战略,寻找科技资源以支撑高新技术产业发展,力求突破技术缺乏、人才缺乏的制约;同一时期,国务院提出了"科技工作面向国民经济主战场"的口号,号召强化技术开发和推广,加速科技成果商品化、产业化的进程。为了在高校和企业之间、科研成果和市场产品之间建设桥梁,清华大学与深圳市政府创建了深圳清华大学研究院,其战略目标为:服务于清华大学的科技成果转化、服务于深圳的社会经济发展,从此开启了中国新型科研机构的崭新探索。

研究院首创"四不像"创新体制:既是大学,又不完全像大学;既是科研机构,又不完全像科研院所;既是企业,又不完全像企业;既是事业单位,又不完全像事业单位。形成了研发平台、人才培养、投资孵化、创新基地、科技金融和海外合作六大功能板块,在探索把科研成果转化融入企业孵化的新途径中,努力把科技经济"两张皮"贴在创新创业企业的载体上。

研究院成立了面向战略性新兴产业的80多个实验室和研发中心,拥有包括国内外院士7名、"973"首席科学家5名在内的数百人的研发团队,多支队伍获高层次人才团队资助;累计孵化企业2 600多家,培养上市公司25家;在珠三角地区成立了一批创新中心及孵化基地;为中小微科技企业提供"一揽子"科技金融支持,用投贷结合、投保结合等创新方式为科技企业提供服务;先后创立北美(硅谷)、英国、俄罗斯、德国、以色列、美东(波士顿)、日本等7个海外中心,引进国际人才和高水平科技项目,在国际技术转移领域进行有益探索。

3. 大学科技园模式

大学科技园是我国发展高新技术的一种模式,是以研究型大学或者其他大学为基础,充分发挥高等院校的人才与资源优势,借助多元化融资途径,积极响应政府的政策与号召,在大学周边建设开展技术创新活动与企业孵化活动的高新技术园区。大学科技园将科教智力资源与市场优势创新资源紧密结合,是创新活动的载体,是推动高校实现产学研结合的科技服务机构,是高新技术型企业的孵化器,是培养创新型人才的摇篮,是高等教育服务社会功能的进一步衍生,也是链接高等教育、经济、社会、市场的重要桥梁。

案例

中山大学科技园依托中山大学的科研、人才资源优势,面向社会,开放办园,以产权为纽带,以市场为导向,以技术创新为中心,结合社会资源,已经发展成为具有持续创新能力,集高新技术研究开发、高新技术企业孵化、创新人才培育于一体的大学科技园,成为学校科研、技术开发和服务经济社会的延伸。中山大学科技园本着"服务社会、服务企业、服务大学生"的宗旨,在学校和各级政府的大力支持下,以支持高校学生实习和创业实践为目的,设立中山大学众创空间、中山大学虚拟大学科技园、中山大学学生科技创业实习基地和中山大学留学人员创业园,为高校学生提供全方位的实习实训和创业就业服务。

为助力科技企业创新和发展,促进融通创新、构建双创生态,科技园发挥创新资源集成、科技成果转化、科技创业孵化、创新人才培养及促进开放协同发展功能,为园区企业提供科技成果转移转化、各类申报咨询、知识产权、投融资、创业导师、人力资源、法律与财税咨询等服务。

科技园积极为园区企业提供科技项目及各类资质申报服务,及时通过官网、微信公众号、小程序、微博等形式推送相关政策信息。此外,科技园还聘请知名行业专家,定期为园区企业组织专题申报培训、咨询等专业辅导。

针对初创企业,科技园重点提供研发管理体系建设、科技型中小企业入库辅导、科技项目规划等服务;针对成长型企业,科技园重点提供高新技术企业认定、研发机构认定、各级科技项目申报等服务。科技园与专业机构合作,为企业提供体系认证、资质认证、行政许可、行业认证、产品认证等咨询服务。

为完善园区知识产权服务体系,提升园区企业的科技创新能力,增强园区企业的知识产权保护意识,提高企业的核心竞争力,科技园与知名服务机构联合搭建知识产权服务平台,为企业提供免费或低成本的知识产权管理培训和申报指导等服务。此外,科技园自2012年起设立知识产权奖励专项资金,对园区企业获得知识产权予以奖励。

为了更好地扶持大学生创业,促进创新创业人才培养,中山大学科技园特设立大学生创业孵化基金,为"中大科技园杯""赢在中大"大学生创业策划＆技能大赛或其他创业大赛的优秀项目、中山大学大学生创业园入园企业及其他大学生优秀创新创业项目提供创业孵化资金支持。

科技园已基本建成"创业联络员—创业辅导员—创业导师"的服务机制,组建了由中山大学知名教授、成功企业家、创业投资人、管理咨询专家等构成的创业导师团队,目前在聘创业导师36人。创业导师通过导师座谈会、企业专题诊断会、项目申报培训会、导师一对一辅导等形式,为企业提供创业知识和技能培训、创业实训和实习辅导、创办企业和企业发展指导等咨询、辅导。

依托中山大学的优势,科技园与学校多个学院搭建人才输送桥梁,并同其他高校建立了校园招聘合作关系。一方面,在毕业季组织优秀园区企业前往高校开展专场招聘活动,并利用自有新媒体矩阵(官方网站、微信公众平台、微信小程序等)发布企业的招聘信息;另一方面,通过协调校企合作,设立大学生实习实训基地的方式,为企业吸纳优秀人才,为大学生创业、就业、实践提供平台。

科技园积极引入专业法律机构,并与广东岭南律师事务所、广东晟典律师事务所、广州正达财税服务有限公司、广州初哥创智科技有限公司、中南智华会计师事务所建立合作关系,为园区企业提供法律与财税咨询服务。

案例

华南理工大学国家大学科技园以华南理工大学为依托,充分利用其人才、科技、实验设备等综合创新资源,面向广东省高校、科研单位、企业和技术持有人全方位开放,主要在电子信息、生物医药、新材料、能源环保、光机电一体化等领域扶持高新技术及其产品的产业化,同时开展科技成果转化、高新技术企业孵化、技术中介与融资中介、企业高级管理人才和专业技术人才培训等业务。

自成立以来,科技园通过大力推动入园企业进行技术创新,促进科技成果转化与产业化,努力培养创新创业人才,积极开展科技企业孵化工作,在探索中迅速发展,并且形成了良好的品牌效应。2001年5月,被国家科技部、教育部正式认定为全国首批国家级大学科技园;2003年6月,顺利通过了国家科技部、教育部的综合评估且名列前茅;2005年12月,被科技部火炬中心认定为国家级高新技术创业服务中心;2007年10月,被国家知识产权局认定为国家级专利工作交流站;2008年9月,被评为广东省火炬计划实施20周年先进集体;2010年10月,被教育部、科技部认定为高校学生科技创业实习基地;2010年12月,被评为广东省创业带动就业孵化基地、广州市创业(孵化)示范基地。华南理工大学国家大学科技园通过积极探索,服务社会的功能日益突出,在产学研合作的过程中有效地提升了科技成果的转化率和实用性,为广东省的区域经济发展作出了重要贡献。

案例

南方医科大学国家大学科技园于2008年成立,2009年成为广东省大学科技园,2021年成为国家大学科技园。先后取得了国际科技合作基地、国家级众创空间、省科技人才基地等挂牌,AAALAC、CNAS、CMA等资质认证,累计培育企业近200家,孵化科技项目54项,获得专利77项,转化科技成果46项。

南方医科大学国家大学科技园坚持以生物医药为主导方向,重点发展新型医疗器械、生物技术、健康医疗大数据等领域,依托南方医科大学和附属医院的科研、人才优势,搭建"政、产、学、研、医、用"合作平台,先后建设医学大数据中心、医疗器械标准研究与测试技术平台、医疗器械国际创新孵化基地,集聚和孵化健康医疗研发、应用及产业化的创新型基地。

南方医科大学国家大学科技园是广东省孵化育成体系建设试点单位,运营的Medical-X众创空间是国家级众创空间。已建成的广东健康医疗大数据产业园已被认定为广东省省级大数据产业园,已列入珠江三角洲国家大数据综合试验区重点建设项目,申报的健康医疗大数据融合应用工程中心被广东省科技厅认定为广东省工程技术研究中心。

南方医科大学国家大学科技园通过创新资源集聚、科技成果转化、科技企业孵化、创新人才培养、开放协同发展等核心功能提升,服务于南方医科大学"双一流大学"建设、服务于区域科技创新发展,力争建设成为国内领先、以健康科技为特色的国家大学科技园。

案例

深圳虚拟国家大学科技园成立于1999年,是深圳市委、市政府为大力发展高新技术产业而实施的具有战略意义的创新举措,是我国第一个集成国内外院校资源、按照一园多校、市校共建模式建设的创新型产学研结合示范基地,是国家有关部委、省市认定的国家大学科技园、国家高新技术创业服务中心、博士后科研工作站、高校学生科技创业实习基地、广东省教育部产学研结合示范基地、广东科技人才基地。

深圳虚拟国家大学科技园在政府和院校的共同支持下,根植于深圳特区,联络港澳、服务周边、辐射全国,不断成长壮大,聚集了65所国内外知名院校,包括:清华大学、北京大学等49所中国大陆院校;香港大学、香港中文大学等6所中国香港地区院校;佐治亚理工学院等7所国外院校,还包括中国科学院、中国工程院院士活动基地和中国社会科学院研究生院。深圳虚拟国家大学科技园建立事业单位建制、独立法人资格的成员院校深圳研究院51家;搭建深圳虚拟大学园国家重点实验室(工程中心)平台,在深圳设立研发机构187家,其中,获批市级以上重点实验室、工程实验室等创新载体74家;形成了从学士到硕士、博士的在职学历学位培养和从短期专项到为企业量身定做的订单式人才培养体系,累计培训各类人员40.3万余人,其中,培养博士2 347名,硕士50 444名,本科生73 759名,订单培训154 225名;组织成员院校的资深专家来深开展学术活动、提供技术交流和决策咨询,举办国际学术会议、专家讲座3 306场;深圳虚拟大学园内博士后工作站进站博士后305名;国家大学科技园用地面积28.4万 m^2,已建成清华大学、北京大学、哈尔滨工业大学、武汉大学、中国地质大学、香港城市大学、香港理工大学、香港科技大学、香港中文大学、南京大学、华中科技大学、中山大学、北京理工大学、北京航空航天大学、西北工业大学、北京邮电大学等16家产业化基地,园区启用面积50万 m^2;累计孵化科技企业1 424家;各成员院校深圳研究院产学研工作持续深化、科研实力不断增强,承担国家级科技项目1 501项,省部级项目350项,市级项目2 126项,获得专利1 866项,软件著作权344项,发表论文5 094篇,转化成果2 237项。已逐步形成了特色鲜明、专业突出的高端人才宜聚地、研发机构聚集地和中小科技企业集散地。

作为各成员院校在深圳发展的创新载体和公共平台,深圳虚拟国家大学科技园聚集创新资源,不断提升市校合作水平,将大学的科研和智力优势融入深圳国家创新型城市建设,在人才培养、成果转化、技术创新、深港合作与国际化等方面,为深圳经济建设与城市发展作出了突出的贡献,也为成员院校深化教学科研改革、服务社会、支持地方经济发展进行了卓有成效的探索,实现了市校共赢。

案例

力合佛山科技园地处佛山高新区核心区,是深圳清华大学研究院在佛山精心打造的国际化科技创新园区,是力合科创集团在佛山建立的国际化科技创新孵化基地、科技成果转化基地。

科技园致力于建设产学深度融合的创新孵化体系,建立了佛山力合创新中心、国家级孵化器、国家级众创空间、国际技术转移中心、南海商学院等创新创业服务平台;设立并聚集了中国工程院院士工作站、清华大学深圳研究生院力合智能制造研究中心、佛山中国发明成果转化研究院、广东国防科技工业技术成果产业化应用推广中心等一批创新平台;设立了创业投资基金等4个风险投资机构。

科技园围绕国家创新驱动发展战略,聚集了一批新材料、高端装备、节能环保、电子信息等国家重点支持的战略性新兴产业项目。目前,科技园引进和孵化的在园企业共300家,其中,高新技术企业30家,引进和培育了省、市、区创新创业团队项目超30个,其中包括"广东省珠江人才"团队项目2个,均在科技园实现产业化。科技园已建成省、市等各级工程技术中心13个,入孵企业累计申请专利近千项。通过孵化器种子资金、创业投资基金等投资平台,科技园累计完成对创业项目的投资额2亿多元,完成投资项目近30个。

科技园是国际科技园协会(IASP)的成员单位,科技服务体系获得了国家重点建设项目(双创类)、国家级高新技术企业(科技服务类)、国家级孵化器、国家级众创空间的称号,同时获得财政部中小企业专项资金支持(高端人才引领型),是2015年深圳清华大学研究院"产学研深度融合的科技创新孵化体系建设"荣获广东省科学技术奖特等奖的获奖成员单位,是清华校友创新创业基地、清华大学学生社会实践实习基地,获得2019年粤港澳优秀孵化器特奖,是广东省小型微型企业创业创新示范基地,国家级孵化器省、市、区各级绩效评价A级(优秀),获得2019年佛山市科技成果转化平台、佛山市高校科技成果中试平台、佛山市高校科技成果转化孵化基地认定,2020年获第三届中国孵化器TOP评选"金蛋奖"、国家级科技企业孵化器评价优秀(A级)、广东高校科技成果转化孵化基地、中国微米纳米技术学会(佛山力合)科技服务站等。

4. 政企多项对接模式

政企产学研全面合作，地方政府结合当地的产业结构和创新需求，以创建一个有关公共部门与大学部门之间合作的信息平台，以便收集所有公司（主要是中小型企业）的技术需求，政府作为产学研合作的中介机构，帮助企业和学校找到合适的合作伙伴。大大降低了产学研合作双方供求信息的收集成本，为开展产学研合作提供了良好的基础。该模式的特点是：政府部门主导、推动，企业、大学和科研院所积极参与全面合作，并促进企业、大学和科研院所更高水平的一体化发展。

> **案例**
>
> 为高效配置国家与地方创新资源，提升广州市乃至珠三角区域自主创新能力，发展战略性新兴产业，推动优势产业结构调整和技术升级，转变经济社会发展方式，加速探寻区域性科技创新体系建设发展之路，广州市政府和中国科学院于2005年10月共同创办广州中国科学院工业技术研究院（简称广州工研院）。经过多年的发展，广州工研院目前已经成为国家级技术转移示范机构、中国科学院平台型技术转移中心和中国科学院创新集群建设园区之一，是国家区域性规划建设重点之一。
>
> 广州工研院围绕珠三角地区产业技术需求，研发集中在先进制造、海洋工程、信息技术、新能源四个领域，重点开展具有自主知识产权的核心、关键、共性技术及新工艺、新产品创新研发及技术转移工作，现已成为本地企业发展的有力技术支撑。为进一步发挥对广州市和珠三角地区产业发展的服务、支撑、引领和带动作用，广州工研院正按共建双方"1+10"战略布局，推进新的研发平台的引进与落户。
>
> 广州工研院实施以"八一工程"（一支产业技术创新研发团队、一个国家级研发和技术服务平台、一个产业技术创新联盟、一支产业发展投资基金、一个专业企业孵化器、一个高新技术产业园区、一个商贸基地、一个产业链群）为主的产业技术创新体系建设，以"三链融合"（创新链、产业链、资本链）的机制创新，从而实现科技和金融的有机结合，打通科技成果产业化之路。目前，以国家新能源汽车动力电池工艺装备基础服务平台为试点的"八一工程"的前四个已实质性地初步完成。

5. 省部合作创新模式

2016年11月,教育部与广东省政府在广州市召开推进教育体制综合改革联席会议并签署"十三五"产学研合作协议。教育部支持广东省属高等院校在人才培养、科技创新、成果转化、产学研合作等方面先行先试,深入推进企业科技特派员行动计划,建设院士工作站和部属高校来粤创办新型研发机构;指导广东省属高校重点学科、科技创新平台、师资队伍建设和高层次创新人才培养及现代职业教育体系建设。双方还将共同支持在广东各地市实施"蓝火计划",共建广东省产学研创新联盟、全国高校科技成果转移转化示范基地和一批大学联合科技园,成立中国高校(华南)科技成果转移中心,引导全国高校到广东省开展成果转化和合作研究。

> **案例**
>
> 省部共建协同创新中心是国家为加快一流大学和一流学科建设,推进产学研协同创新,激励高校积极投身实施创新驱动发展战略的重要举措。广东工业大学牵头组建的广东3C电子产品制造装备省部共建协同创新中心围绕3C产品制造装备的重大需求,联合粤港与产业优势资源,开展协同创新,以引领中小装备制造企业跨越发展和支撑3C产品制造企业转型升级为目标,在高端人才集聚、团队建设、企业协同、体制机制建设等方面扎实工作,完成了一批重大协同创新任务,形成了一批标志性的协同创新成果,产生了较好的经济效益和社会效益。

6. 政校合作模式

政校合作是指高校在互利双赢的前提下与各级政府在人才培养、科学研究、成果转化、政策研究和决策咨询等方面开展的协作联动。学校根据和政府确定的具体人才发展计划的要求,采用课堂教学和学生不定期的专业实习和实践教学。政府与学校共同培育学生的创新能力,提升学生的综合素质,形成应用型人才培养的有效模式,使学生很快适应新环境,适应经济社会发展的需求。搭建学校与政府合作共赢的平台,加强学校和政府信息互通,构建校政协同创新的应用型人才培养模式。

案例

深圳市龙岗区人民政府与香港中文大学（深圳）探索政府与大学合作新模式。在深港合作、制度创新、科技创新、重点产业、人才交流合作、教育、医疗、社会民生等多领域开展创新性深度务实合作。

共建大运深港国际科教城。龙岗区政府与香港中文大学（深圳）将发挥各自优势，合作共建大运深港国际科教城。其中，香港中文大学（深圳）充分发挥对港合作平台的资源优势，在科技创新、产业发展、医疗教育、文化体育等多个领域推动龙岗与香港开展务实合作；龙岗区则积极畅通优质资源来龙岗的渠道，为香港中文大学的科研教学人员、学生及其他人员在龙岗创新创业提供便利的生产生活条件，为龙岗科技创新产业发展赋能，共同加快粤港澳大湾区建设。

共建粤港澳国际教育合作示范区。未来，香港中文大学（深圳）将在龙岗区组建港中大（深圳）附属学校（教育集团），龙岗区将充分依托港中大（深圳）的国际教育资源优势，在国际课程建设、国际教育交流、师资培养、智库建设等方面加强合作，探索创新型拔尖人才的联合培养模式。此外，龙岗区还将大力支持香港中文大学（深圳）引进境内外优质教育资源，高标准、高起点地建设优质国际学校，合作推进高中园校园建设及筹办，双方联合举办具有国际水准的高端教育论坛，推进国际化教师培养基地建设，打造顶级智库、学术高地和国际教育研究中心，促进大湾区国际教育的深度合作，推动高校与基础教育在国际教育上的全链条发展。

合作建立国际化医学创新研究中心。双方将搭建医学合作创新平台，合作共建区域临床数据开发研究中心，建立医、教、研、产于一体的国际化医学创新研究中心。龙岗区将积极推进将龙岗中心医院、龙岗区人民医院建设成为香港中文大学（深圳）附属第二医院和香港中文大学（深圳）附属第三医院及其临床医学院，并支持香港中文大学（深圳）在医院管理体制机制和药品临床应用等方面大胆创新。香港中文大学（深圳）将引进香港中文大学优势医学学科、临床专科及高水平医学团队，提高龙岗区的医疗技术水平，落实医疗服务跨境衔接，建立与国际接轨的医学人才培养、医院评审认证标准体系，同时提供人工智能、大数据及应用材料研究等学术机构的技术支持。

打造国际化产学研用创新基地。双方将进一步加大在产业统筹规划研究和大数据、云计算、人工智能、5G应用、生物医药、新能源、新材料等重点产业领域的合作。借鉴美国硅谷等全球创新中心的先进经验,立足深圳、辐射大湾区、对标世界一流,高起点定位、高标准规划、高品质打造国际化产、学、研、用创新基地。

引进全球创新资源,促成果产业化。双方将进一步加强科技创新合作。未来,香港中文大学(深圳)还将发挥全球创新资源优势,积极为龙岗引进具有技术优势、产业化前景明晰的项目落地,积极与龙岗区企业开展产学研合作。双方将通过共建研究院、创新中心、新型科研机构等方式,结合龙岗区的产业特点与发展规划,有针对性地组织科研团队开展技术攻关,并促进科技创新成果在龙岗实现产业化。

加强高端人才交流与合作。双方将发挥各自优势、促进人才交流,香港中文大学(深圳)将为龙岗区提供大师讲堂等高端培训,龙岗区也将为香港中文大学(深圳)引进的高水平人才和团队积极提供人才住房等支持保障。

共建高水平智库参与决策咨询。龙岗区将充分利用香港中文大学(深圳)的专家资源,合作建立高水平智库,邀请智库专家参与龙岗区的重大事项决策咨询、调研、座谈等。符合龙岗经济社会发展需求的专家,还将被聘为区政府顾问或纳入龙岗区咨询论证专家库。香港中文大学(深圳)将在龙岗区举办高端智库研讨会、智库论坛等活动,搭建政府智库、高校智库和民间智库交流平台。双方将在经济、金融、新能源、新材料等香港中文大学(深圳)的优势学科领域积极合作,开展重大课题项目研究。

加强文化交流合作,打造龙岗品牌。双方将进一步加强资源共享,深化文化交流与合作。未来,双方将在音乐创作、演艺等方面开展深度合作,共同举办粤港澳大湾区大学生戏剧节及系列文化惠民演出、展览等活动,共同打造龙岗文化品牌,共同探索建立体育科技融合发展的交流平台,合作开展体育赛事交流活动,举办粤港澳高校体育赛事活动,推动湾区体育文化交流;联合举办与数字创意产业相关的青年创新创意类活动。

6.5.2 广东省产学研联盟的主体分析

在产学研合作组织中,政府、企业、大学和科研院所各自承担不同的角色,共同推进共性技术的研发。

1. 省政府的主导作用

从世界各国对于共性技术的开发模式来看,政府在其中起的作用主要有两种模式:一种是以美国、欧盟等为代表的政府引导型共性技术创新平台建设模式;另一种是以日本、韩国为代表的政府主导型产业共性技术平台建设模式。由于我国的市场机制还未健全,在技术发展上正处于从引进、模仿、消化到自主创新的过程之中,企业很难主动进行共性技术的开发并成为共性技术开发的主导力量,这时就需要广东省政府发挥主导作用,制定各种优惠政策和激励制度,组织各个领域的专家确定技术方向。

2. 大学和科研院所的创新源作用

在基础研究方面,研究型大学和大型科研院所是最重要的研究主体,因此,研究型大学和科研院所是共性技术一个不可忽视的创新源。在有研究型大学参加的共性技术开发平台中,大学研究能针对企业所需,将产业技术与科学研究结合,有利于企业更好地接受研究成果,具有很高学术声誉和造诣的大学研究人员能够吸引产业界相当多的资金,同时,产业界也很少限制大学对技术成果的公开发表,这又有利于新技术的快速传播和扩散。

3. 广东省龙头企业的主体作用

龙头企业作为技术创新的主体,其在产学研合作组织中的地位是不可动摇的。由于共性技术研究的最终目标是差异化的商业产品、工艺和服务,这些都影响到现代企业的市场竞争力。虽然具有国际先进水平的产业共性技术开发难度较大、引进困难、风险高、开发周期长、人力物力财力消耗都很大,但如果考虑到官、产、学、研合作开发的成本优势,一些具有战略意图的龙头企业是有可能在政府的组织和鼓励下参与共性技术研究的。龙头企业在面向市场的应用技术和专有产品、技术工艺开发研究方面是最重要的执行主体,其对共性技术开发方向的把握对于产业共性技术平台来说非常关键。

6.5.3 组建共同参与的组织管理机构

1. 设立矩阵式组织管理机构

政府要按市场经济的运作方式,在关键性、战略性的产业领域引导产学研产业共性技术联盟的设立。产学研共性技术联盟的组成主体具有多元化的特点,因此,他们对于技术成果的研究目标、研究方式以及最终成果的扩散分享都可能产生意见上的分歧。解决这一问题的关键,就是要设置合理的组织管理方式,确立共性技术平台的最终目标和研发过程。最终目标的确定是共性技术研发的前提,对合作研发成果的知识产权的安排则是共性技术平台成功的保证。此外,共性技术平台的运行还要有联盟成员共同参与管理的组织结构,即组建产业共性技术管理委员会,这种共同参与的管理方式有利于各成员间信息的畅通和资源的高效配置,保证共性技术平台的平稳运行。基于此,共性技术平台的管理机构应该联合成员单位和外部专家共同研究和制定共性研究计划,同时设立共同投入的共性技术发展基金,共同提出的计划可以保证计划研发的针对性、准确性以及较强的产业应用性。

2. 设立产业共性技术创新平台的中心实验室

在产业共性技术管理委员会下要设立中心实验室(如图6-1所示),其成员来自共性技术平台的成员单位的技术负责人和专家,下属的项目小组可以由各联盟成员抽调人员组成,当然,管理委员会中的成员也可以直接进入中心实验室工作,在有必要的情况下可以引进外部科研人员帮助解决相关问题。同时,大学、科研机构以及各成员企业的R&D机构也应承担一定的研究项目,以充分利用各成员的科研资源,对于各成员都不擅长的领域,则可以以合同形式外包给外部科研机构进行研究。中心实验室作为产业共性技术联盟的中心节点和指导小组,将分散的研发团队联结起来,保证项目团队与共性技术平台决策层的信息沟通,同时负责整个项目实施的进程控制与管理,并协调各个研发团队之间的任务职责和利益冲突。通过这种方式来组织共性技术的研发,产业共性技术平台便会具有较强的创新优势,通过不同项目小组的交流与合作,更容易产生全新的理念,包括工艺创新、产品创新、组织创新等多方面的内容。这种组织形式既保证各个模块的独立性和创造性,也保障了整个研发项目的整体性和协同性,临时聘请的专家分散在不同的地方,具有很大的灵活性和柔性特征。中心实验室将相关的研发成员集中在一起,不但可以提高研究开发的效率,而且有利于知识的沟通和交流,尤其是经验类知识的共享和扩散,从而推动共性技术平台的创新能力和知识共享。

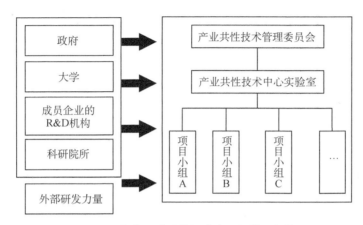

图 6-1 产学研联盟的矩阵式组织管理机构

7 广东省产业共性技术产学研联盟的发展战略与政策选择

7.1 广东省产业共性技术产学研联盟的发展战略

7.1.1 战略指导思想

以邓小平理论、"三个代表"重要思想、科学发展观一为指导,深入贯彻全国科技大会和广东省教育部合作协议精神,以服务为宗旨,以创新为动力,以建设创新型国家、创新型广东和高水平大学为主线,积极探索以企业为主体、以市场为导向、以高等学校和科研院所为技术依托的产学研结合新模式和新机制,不断深化产学研合作,优化创新资源配置,建立长期稳定的产学研战略联盟,提升高校办学水平和服务地方发展能力,提升广东省自主创新能力和产业国际竞争力,共同促进广东省和我国经济社会科学发展、和谐发展。

7.1.2 战略发展的基本原则

1. 坚持政市结合、引领发展的原则

政市结合是指政府推动与市场导向相结合,科技、教育和产业发展互相促进。一方面,要充分发挥政府的统筹规划、协调指导和组织实施的作用,重点营造产学研结合的政策环境,确定优先合作发展的产业和重点合作发展的技术领域,通过重点项目和示范项目引导产业界和科教界深化合作。另一方面,要坚持按市场经济规律办事,尊重企业基于市场需求的创新选择,充分发挥市场机制在产学研结合资源配置中的基础性作用。通过深化省部产学研结合,大幅提升广东省重点产业的自主创新能力,引领、支撑广东省经济社会发展。

2. 坚持强强结合、共同发展的原则

强强结合是指部属高校的科技、人才优势与广东省的产业、环境优势相结合,校企互动,合作共赢。一方面,企业通过与部属高校的合作,充分利用部属高校的科研、教育、人才等优势,解决企业科研和生产中的技术问题,凝聚和培养优秀人才,不断提高企业的核心竞争力和经济效益;另一方面,部属高校通过与企业的合作,建设科技创新基地和人才培养基地,联合开展技术攻关,加速科技成果转化和产业化,促进学科建设和人才培养,使高校在服务中发展,在贡献中提高。

3. 坚持科经结合、优先发展的原则

科经结合就是始终坚持科技创新与经济发展相结合,创新能力提高与产业结构优化互相促进,着力解决科技与经济"两张皮"、科技成果转化率低等问题。一方面,引导部属高校科技创新面向经济建设主战场,要优先研究开发企业和市场急需的关键技术、核心技术和新产品;另一方面,根据广东省的产业发展需求,联合部属高校,优先组织实施一批对经济发展具有战略性、前瞻性和带动性的重大项目,提升产业引进消化再创新和集成创新能力,增强产业的国际竞争力。

4. 坚持分类指导、和谐发展的原则

按照广东省的产业发展需求,有序引导部属高校根据自身特点、学科优势和发展方向,组织相关力量,积极参与省部产学研合作,以合作求发展,以发展促合作。广东省各地区根据各自的发展阶段、产业需求和科技基础,因地制宜地开展产学研结合工作。按照中心大城市(广州、深圳)、珠江三角洲、东西两翼和山区等四个层次分类推进省部产学研结合。有条件的地区要先行示范,加快提升产学研结合的层次和水平;其他地区要加大创新资源的投入,有效地激活静态的存量资源和潜在的合作主体,加快推进省部产学研合作,实现和谐发展。

7.1.3 战略发展的总目标和主要任务

战略发展的总目标是:通过省部产学研结合,完善以企业为主体、以市场为导向、产学研相结合的技术创新体系,大幅增强广东省的自主创新能力和产业竞争力,推动广东省的产业结构优化升级;部属高校科技支撑和文化引领作用凸显,显著提升部属高校的科研和办学水平以及服务经济社会发展的能力,共同促进创新型国家和创新型广东建设。

广东省产学研战略联盟的主要任务有四个:一是联合建立产业共性技术平台,完善广东省的区域创新体系;二是联合组织实施国家、广东省和行业的重大科技项目,攻克一批制约广东省的支柱产业和高新技术产业发展的关键技术、核心技术和共性技术;三是培育一批创新型科技企业和创新型产业集群,提升广东省的产业国际竞争力;四是共建创新型人才培养基地,大力培养和引进高层次技术人才和管理人才。

7.1.4 战略发展的方向和重点

围绕广东省的支柱产业和重点产业发展需要,引导部属高校与广东省的行业龙头企业和骨干企业合作,共同组建以引领产业技术发展为目标,以市场为导向、以企业为主体、以部属高校为主要技术依托,强强联合、优势互补、互惠共赢、长期合作、共同发展的产学研战略联盟,推动产学研合作模式由短期合作、松散合作、单项合作向长期合作、紧密合作、系统合作的转变。在电子信息、先进制造、新能源、生物医药、新材料、家电、石化、汽车、节能减排等领域,重点组建和支持数字电视、数字家庭、新一代通信、移动信息终端、数控装备、绿色包装印刷、白色家电、风力发电、清洁生产等 100 个左右省部产学研战略联盟,联合开展产业核心技术、关键共性技术攻关及重大科技成果产业化。

7.2 广东省产业共性技术产学研联盟的政策选择

7.2.1 加强组织领导和统筹协调

充分发挥广东省教育部产学研结合协调领导小组的统筹协调作用,明确分工,各司其职,共同抓好发展规划各项目标任务的分解和落实。教育部继续动员和组织部属高校参与省部产学研结合,促进部属高校科技资源向广东省的产业界开放流动,建立有利于促进省部产学研结合的政策导向机制,调整和完善有关考核评估指标体系。科技部在政策、资金、项目等方面对省部产学研结合工作予以倾斜支持,优先将省部产学研结合重大项目纳入国家科技计划项目。广东省各级党委、政府加强组织领导,把省部产学研结合作为提升自主创新能力、转变经济增长方式的重要抓手,因地制宜地做好各项工作;省直相关部门加强协调配合,形成推动省部产学研结合工作的强大合力;广东各类政府科技、产业计划向部属高校全面开放,各项自主创新优惠政策向部属高校重点倾斜。部属高校将省部产学研结合纳入本校的重点工作,制定具体计划和措施,利用优势科技、人才资源服务广东经济社会发展,提高自身办学水平。建立健全科学民主的决策机制。邀请部属高校专家和广东省产业界人士组成专家决策咨询委员会,对省部产学研结合发展规划和重大项目提供决策咨询。每年组织省部产学研结合项目申报工作,聘请全国一流专家进行严格评审,择优资助。省部产学研结合的重大事项,要充分征询广东省教育部产学研结合协调领导小组成员单位的意见,认真听取部属高校、广东各市政府部门和企业界的意见和建议。通过省部产学研结合信息网站、工作动态等渠道,公开政务信息,接受社会监督。

7.2.2 省政府加强政策法规体系建设,构建产学研相结合的动力机制

产学研相结合的动力机制是指企业、高校、科研院所三者的相互作用、共

同构建的动力机制,它包括外力推动和内部利益驱动两部分。外力推动是:政府及有关部门通过建立和完善以市场需求为导向,以实现科技创新为目标,以政府引导和社会服务为支撑,以企业为主体,以大学、科研院所为创新源头和依托的协作互动、互惠共赢的产学研合作新机制,制定产学研相结合的发展规划与相应的政策法规,加大政府财政投入的力度,组织和实施产学研合作的规划项目,设立各类"基金",推动政府研发投入与开发性科技金融信贷资金有机结合,增强产学研相结合的主动性和积极性,主导、协调和推动产学研相结合的健康发展。如对产学研相结合项目有明确的税收优惠政策、贴息贷款政策,对科技人员向企业转让专利成果给予奖励,并以法的形式固定下来。内部利益驱动是:通过进一步完善市场经济体制,使得作为市场经济主体的企业增强追求技术进步的内在压力和动力,使企业通过缩短产品更新周期,把科技含量高、有附加值的产品推上市场,在竞争中争取主动和优势。这种内在利益的需要,使企业与高校、科研院所联合起来,它们通过实施产学研合作,形成综合交叉优势,推进产业尤其是高技术产业的发展,企业还能取得投资少、见效快、获益更大的效果;通过科技体制和教育体制改革,使得高校和科研院所在扩大自主权的同时也增加了主体意识和风险意识。高校和科研院所相当一部分的科研经费(主要是与产业相关的应用开发部分的经费)将逐步由国家拨款转变为通过市场、从需要科研成果的企事业单位获得。高校和科研院所如果不能主动适应社会、争取更多的科研项目和重大课题,其生存和发展就要受到威胁。这种自身利益的驱动,使得高校和科研院所也主动寻求企业在资金、生产工艺、生产经营上的支持,成为高校和科研院所积极参与产学研相结合的重要内在动力。总之,通过科技体制、机制改革以及外力推动、内部利益驱动,使企业、高校、科研院所的生存和发展产生压力与动力,促使它们受自身发展的需要和利益需要的驱动而自发地、自觉地走上合作之路。

7.2.3 加大省政府的财政投入,着力建设核心平台

产学研相结合体系是一个多层次、多形式并存的动态发展体系。要大力主导与扶持产学研相结合向着紧密型、集约化发展,着力打造和发展产学研相结合体系的核心平台。这类核心平台主要有:(1)大学科技园。大学科技园以

研究型大学为依托,既是高新技术创新的源头基地,也是高新技术成果转化的示范基地和高新技术企业理想的孵化基地,还是创业创新人才的培养基地和科技企业家的摇篮。大学科技园的网络化加强了企业、大学、科研机构之间的合作。例如,以斯坦福大学为依托的著名的硅谷科技园、北卡罗来纳金三角科技园以及波士顿128号公路高新技术开发区等。发挥大学科技园的信息园、知识园和高新技术的辐射作用,实现园区集群创新,是产学研相结合的一个极富生命力的形式和途径。(2)专业镇。它是以产业集群和合作创新为主要特征的,主要是为中小企业服务、为簇群经济发展提供支撑。相关产业的专业镇为了将资源更好地组合起来,使之优势互补,可以创建更高层次的平台。(3)技术创新联盟。它包括同行业的联盟、跨行业的联盟、某行业同高校、研究院所的联盟。组建技术创新联盟的途径有两条,一是由政府财政出资主导,企业、高校、研究院所单独或者共同出资组建研究开发中心,联盟中的各方集聚技术资源,进行联合攻关,共享研发成果;二是以上各方共同组建人才培训中心和技术信息中心,实现资源共享,并且共同组建不同形式的紧密型的经济实体或研发实体。

7.2.4　创新人才队伍建设,广纳海内外高层次人才

以人为本,把培养高层次人才、高新技术人才、优秀青年人才放在优先发展位置,加快培养一批顶尖专家。要通过加大人力资本投资力度,实施高层次人才培养工程,加强科技人才创新能力建设与产业发展、科技项目相结合,发挥产业发展和重大科技项目在科技人才创新能力建设方面的作用。通过建立健全科技人才创新的政策体系,大力实施高层次人才引进工程,广纳海内外高层次人才。要重点引进一批基础研究和集成研究领域的学科带头人、在科学技术界有影响力的国内外专家学者;要继续加大科技与教育投入,提高人均科研经费,创造良好的科研、工作、生活和创业环境,落实福利性政策,建立资助机制,吸引国外留学生回国研究、创业,吸引全世界有杰出创造力的科学家和急需工种的技术人员到广东省工作。

7.2.5　加快以企业为主体的产学研相结合体系建设

以企业为主体,就是说在整个产学研相结合的投入中,企业要占大头;以

企业为主承担自主创新基础活动；企业要成为科研成果应用的主体。产学研相结合一开始就要把企业作为主体，围绕企业生产、发展及市场竞争的需要，对开发的主题、任务和方向进行研究。(1)形成政府主导、金融支持、企业为主体的科技经费投入机制。通过加大政府财政投入的主导作用，通过运用各种渠道和政策，最大限度地调动社会资源配置的积极性，扩大全省科技经费投入的总量。建立政府、企业、高校和研究院所共担风险的投资机制。(2)建立企业与高校、研究院所互动的新机制。设立产学研相结合重点项目的低息或贴息贷款专项经费和广东省产学研合作风险基金，重点扶持一批关键技术、核心技术的创新和技术创新集成度高、拥有自主知识产权、发展前景看好的产学研合作项目；鼓励企业与高校、研究院所共建实验室、工程技术中心、高新技术实体；合建的研发机构也应以企业为主导，实行开放流动和竞争合作的新机制。(3)建立企业间技术创新联盟。对于一些产业相对集中的地区与行业、企业，根据彼此的研究开发需要，促进其共同出资组建研究开发中心、集聚技术资源、进行联合攻关、共享研发成果；或者促进其共同组建人才培训中心和技术信息中心、实现资源共享。建立企业间技术创新联盟，有利于降低研发成本、分散创新风险。(4)要把推进产业结构优化升级作为产学研相结合的重点，加大高新技术和先进适用技术改造、提升传统产业和推动中小企业技术创新的力度。充分利用国际资源，大力提升产学研相结合的国际化水平，力争在广东省聚集许多世界著名的跨国公司和由其建立的研发机构。要创造条件，进一步扩大开放，积极推进广东省的企业、高校、研究院所与进入广东省的跨国公司、世界一流大学和科研机构一起开展多形式的合作，实施"请进来，走出去"战略，积极推进广东省的支柱产业集群融入全球产业价值链体系，提高产品附加值，实现产业集群创新、升级，大力提升产学研相结合的国际化水平。

7.2.6 大力推进省部企业科技特派员工作

以"省部企业科技特派员专项计划"为载体，大力支持特派员依托派出高校和科研机构的雄厚科技创新实力，帮助入驻企业提升研发能力、解决技术难题、研发新产品、新工艺，加快提升大批中小企业的产品结构和市场竞争力，提高应对金融风险的能力。在试点的基础上，加大组织协调力度，进一步扩大省、部企业科技特派员的选派规模,吸引更多高层次的创新人才入驻企业,服务区域经济社会发展。同时,抓住全球资本流通中蕴藏的机遇,创新机制,引进国外高校、科研机构和跨国公司的高层创新人才为我所用,壮大企业特派员队伍。积极引导和鼓励企业特派员带领派出高校或其他高校的应届大学毕业生作为特派员助理,共同开展科技特派员工作,引导和支持驻点企业接受优秀应届大学毕业生到企业工作,增加高校应届大学毕业生的就业渠道。按专业技术领域、区域产业领域组织特派员创新团队,深入专业镇及高新区企业,帮助解决核心、共性技术问题,全面提升专业镇和高新区企业的技术水平。

7.2.7 建立省部产学研结合的绩效评价和动态调整机制

研究制定科学的评估办法和指标体系,对省部产学研结合项目进行评估监测,根据考核情况实行奖优罚劣,建立科学高效的项目组织和管理模式。规范广东省产学研省部合作专项资金的管理,建立适应产学研结合特点的科技经费监督管理和绩效评估体系,提高专项资金的使用效率和效益。建立动态的调整机制,定期评估本规划的实施情况,监督重点项目的执行情况。广东省教育部产学研结合协调领导小组办公室具体负责本规划的组织落实和考核评估工作;根据广东省经济社会发展需求的新变化和重大科技项目实施的新要求,对规划作出必要的调整,并报请广东省教育部产学研结合协调领导小组审核批准。加强省部产学研结合的宣传工作,充分发挥新闻媒体的宣传舆论导向作用,动员更多的高校、科研院所、企业和社会力量参与省部产学研结合。

7.2.8 建立和完善风险投融资机制

目前,资金短缺是制约企业技术进步、高校成果转化以及产学研合作开展的关键因素之一。因而要形成多方位、多层次、多渠道的融资方式,来促进产学研的发展。首先,应该建立和完善风险投资机制。根据国外的经验,风险投资的起步阶段主要依靠政府的财政支持,建议广东省发展科技风险投资事业,各级财政每年拨出一定的专项资金作为科技风险基金和贴息资金,并允许风险投资机构从风险投资总额中提取一定比例的风险准备基金。其次,地方科技管理部门可以采取民间筹资的方式,以产学研各方自筹资金、自愿结合、自我发展为原则,建立一些科技信用社等金融机构,为产学研各方合作提供急需的资金。第三,省政府有关部门也可设立产学研合作的专项贷款,有重点地扶植合作项目中具有产业化前景的项目。对于那些风险大、周期长、资金需求多、企业投入困难的高科技项目,对其应提供必要的配套资金,但同时也要建立相应的监督机制。在多元化的投资主体中,逐步形成以政府投入为引导、企业投入为主体、银行贷款为支撑、社会集资和引进外资为补充的多元参与的投融资体系。进一步深化教育、科研和生产领域的投融资体制改革,积极探索多元化的投资新机制,为投融资业发展提供制度保障,尽快建立金融信用制度,降低投融资风险。组建中小企业信用担保机构,解决中小企业融资难的问题。放开民间投资实业的领域限制。政府应采取税收优惠、资金担保、财政补贴等措施,引导投资者从事风险投资,为产学研的科学发展提供资金支持。建立健全科学合理的科技成果转化的风险评估体系。在投资前或运营中对科技成果进行评估,并加以有效控制,降低科技成果转化的风险。建立风险投资的综合评价体系,制定科学的评估程序,提高识别和控制风险的能力。坚持通过建立多渠道的风险投融资体系,灵活运用投融资策略,以分散资金投放的风险,确保能够又好又快地解决资金问题,促进产学研的科学发展。

7.2.9 加强信息网络和中介机构的建设

广东省政府要加强地区信息网络建设,企业、高校及科研院所也要加强内部信息网络建设,以便及时准确地反映企业发展动态和高校及研究院所的优势科技资源,尤其是科技成果信息和技术需求信息。有条件的地区要建立和发展网上技术市场,为企业、高校及科研院所的合作提供有效的信息支持。政府主管部门要充分利用信息网络加强产学研政策的宣传、加强产学研合作与联盟典型案例和示范项目的宣传,为企业、高校及科研院所参与产学研联盟提供借鉴和参考。加强科技中介服务机构的建设,加快信息、人才和技术交易平台的建设,建立并完善科技企业创业中心、生产力促进中心、金融服务中心、风险投资机构等中介服务机构,进一步扩大其规模、数量及服务范围,使其向规模化、服务专业化和组织网络化的方向发展。及时对联盟相关信息进行披露,提高产学研联盟的透明度,增加联盟各方相互之间的信任感,提高产学研联盟的凝聚力和竞争力。要对联盟伙伴的相关信息进行整理、备案,同时要搜集一些潜在的联盟伙伴,或者备选联盟伙伴的相关信息,定期更新,并及时考察现有联盟伙伴是否依然符合联盟发展的需要。如果相互之间出现了发展的不协调,应及时在潜在联盟伙伴的备案中挑选适合的伙伴进行替换,保证联盟运行的高效性。另外,对联盟的成功经验与失败教训要进行系统管理,使产学研联盟在外来的发展中更准确地把握发展机遇,趋利避害,实现自身的快速发展。为了减少产学研联盟某一参与方突然终止联盟关系而给整个产学研联盟带来的压力与损失,要对产学研联盟各参与方的知识进行系统管理,同时要在产学研联盟内部建立学习的内化通道,强化产学研联盟学习机制的建设,明确联盟内部人员的学习任务,实现联盟内部知识的学习、转移、积累与再创新,保证产学研联盟的快速与持续发展。

8 结 论

（1）产业共性技术形成的供给机理是：科学、技术和经济的一体化发展；科技研究和开发的分工越来越细；产业集群的发展。

（2）产业共性技术形成的需求机理是：地方政府的经济、政治利益驱动；产业集群内企业规模发展的内在需要；产业组织战略联盟的发展；产业集群创新的需要。

（3）产业共性技术存在市场失灵现象。产业共性技术的市场失灵是指共性技术的外部性导致纯市场机制的共性技术供给不足。产业共性技术具有公共产品和私人产品的双重性质，称为"准公共产品"。对共性技术的主体和创新机制进行研究后发现，共性技术的纳什均衡供给小于其帕累托最优，说明完全的市场机制将导致共性技术的投资不足，即共性技术的外部性导致市场机制作用下共性技术供给的不足。另一方面，从需求看，随着科技体制改革的深入、科学技术的发展和空间上产业集群的形成，跨产业技术进步和产业技术创新凸显更加重要的地位，政府和大型企业对产业共性技术的需求越来越多，因此，产业共性技术供求之间量的矛盾和结构性矛盾就显示出来。因此，只有考虑供给和需求的动态平衡，才能使利益最大化。这种动态平衡要求组织管理模式不断地变革和创新。

（4）产学研的合作机制能很好地解决产业共性技术的供给和需求的失衡问题。利用以政府为引导，以企业为主体，高校和科研机构积极参与的行为模式，充分发挥市场的作用，有利于解决产业共性技术的均衡、协调发展。目前，产学研结合模式是广东省产业共性技术组织管理模式中最有效的方式。

(5) 广东省产业共性技术产学研联盟战略发展的方向和重点是:围绕广东省的支柱产业和重点产业发展需要,引导部属高校与广东省的行业龙头企业和骨干企业合作,共同组建以引领产业技术发展为目标,以市场为导向、企业为主体、部属高校为主要技术依托,强强联合、优势互补、互惠共赢、长期合作、共同发展的产学研战略联盟,推动产学研合作模式由短期合作、松散合作、单项合作向长期合作、紧密合作、系统合作的转变。在电子信息、先进制造、新能源、生物医药、新材料、家电、石化、汽车、节能减排等领域,重点组建和支持数字电视、数字家庭、新一代通信、移动信息终端、数控装备、绿色包装印刷、白色家电、风力发电、清洁生产等 100 个左右省部产学研战略联盟,联合开展产业核心技术、关键共性技术攻关及重大科技成果产业化。

(6) 组建共同参与的矩阵式组织管理机构,是目前广东省产学研战略联盟组织管理模式改革推进和具体实施的最佳模式。产学研战略联盟建立时间短,缺乏借鉴经验,特别是科技、教育和经济之间的体制阻隔,产学研战略联盟合作主体动力不足、各谋其利、利益缺乏整合等问题。解决这一问题的关键就是要设置合理的组织管理方式,在原来的组织管理模式上进行优化。产学研战略联盟的组成主体具有多元化的特点,因此他们对于技术成果的研究目标及最终成果的扩散分享都可能产生意见上的分歧。建立有联盟成员共同参与管理的组织结构,即组建"产业共性技术管理委员会",这种共同参与的管理方式有利于各成员间信息的畅通和资源的高效配置,保证共性技术平台的平稳运行还必须在产业共性技术管理委员会下要设立中心实验室,其成员来自于共性技术平台的成员单位的技术负责人和专家,下属的项目小组可以由各联盟成员抽调人员组成,同时在有必要的情况下可以引进外部科研人员帮助解决相关问题。同时大学、科研机构以及各成员企业的 R&D 机构也应承担一定的研究项目以充分利用各成员的科研资源,对于各成员都不擅长的领域则可以以合同形式外包给外部科研机构进行研究。中心实验室作为产业共性技术联盟的中心节点和指导小组将分散的研发团队联结起来保证项目团队与共性技术平台决策层的信息沟通,同时负责整个项目实施的进程控制与管理,并协调各个研发团队之间的任务职责和利益冲突。这种组织管理既保证各个模块的独立性和创造性,也保障了整个研发项目的整体性和协同性。

（7）广东省产学研战略联盟组织管理模式改革推进和具体实施的政策建议:在组织领导上,加强组织领导和统筹协调;在机制上,省政府加强政策法规体系建设,构建产学研相结合的动力机制和合作机制,建立和完善风险投融资机制,建立省部产学研结合的绩效评价和动态调整机制;在财政资金上,加大省政府财政投入,着力建设核心平台;在人才和文化建设上,创新人才队伍建设,广纳海内外高层次人才,大力推进省部企业科技特派员工作,建立科技人员的股权激励模式,营造创新文化环境;在市场体系建设上,加快以企业为主体的产学研相结合体系建设,建立市场体系的内部激励模式;在服务体系建设上,加强信息网络和中介机构的建设,加强知识产权的保护建设,建立多层次的共性技术研发中心,加大对重点产业和重点领域的扶持力度;在粤港澳及国际科技合作上,创新粤港澳科技合作机制,全面推进粤港澳科技合作,广泛开展国际科技合作。

参考文献

[1] 吴贵生. 技术创新管理[M]. 北京:清华大学出版社,2000.

[2] 傅家骥. 技术创新学[M]. 北京:清华大学出版社,1998.

[3] 吴贵生,李纪珍. 国家创新系统中发展共性技术的对策研究报告[R]. 国家科技部市场经济条件下国家创新系统的建设分课题之一,1999.

[4] 姜彦福,雷家骕,周刚,等. 企业技术创新管理[M]. 北京:企业管理出版社,1999.

[5] 许庆瑞. 研究、发展与技术创新管理[M]. 北京:高等教育出版社,2000.

[6] 陈劲. 国家技术发展系统初探[M]. 北京:科学出版社,2000.

[7] 陈劲. 永续发展——企业技术创新透析[M]. 北京:科学出版社,2001.

[8] 国家"十五"科技计划体系研究课题组. 国家"十五"科技计划体系研究[M]. 北京:人民出版社,1999.

[9] 李纪珍. 产业共性技术供给体系[M]. 北京:中国金融出版社,2004.

[10] 李纪珍. 企业技术源的选择[J]. 中国软科学,1999(10):76-79.

[11] 李纪珍,吴贵生. 新形势下产业技术政策研究[J]. 科研管理,2001(04):1-8.

[12] 李纪珍,邓一华. 国外产业技术政策的新特点[J]. 科技进步与对策,2000(01):75-76.

[13] 李纪珍. 研究开发合作的原因与组织[J]. 科研管理,2000(01):106-112.

[14] 李纪珍. 竞争前技术的国家政策比较[N]. 科技日报,2001-06-08(003).

[15] 王彦,李红珍. 从技术外包到研究开发的全球化[J]. 科学学与科学技术管

理,2000(09):35-37.

[16] 王毅,郭斌,许庆瑞,徐笑君.研究开发组织管理新趋势:全球网络化[J].科研管理,1999(02):75-81.

[17] 顾淑林,王可,等.高技术发展的三个层次及技术支撑结构——兼谈几个政策问题.全国第二次高技术评价与指标学术讨论会论文集[C].国家科委中国科技促进发展研究中心编,1988.

[18] 顾淑林.发展高技术的技术支撑结构.高技术发展评价研究专集[M].国家科委中国科技促进发展研究中心,1990.

[19] 高世楫.路径依赖、系统标准与公司战略[J].经济社会体制比较,1999(03):56-62.

[20] 贾根良.进化经济学:开创新的研究程序[J].经济社会体制比较,1999(03):67-72.

[21] 徐冠华.关于实施科教兴国战略的若干问题思考[J].中国软科学,1999(01):8-17.

[22] 徐冠华.关于科研院所企业化转制的几个问题[J].中国软科学,1999(07):1-5.

[23] 瞿剑.质检机构改革:如何当好裁判?[N].科技日报,2000-09-21(001).

[24] 赵亨淮,吴锷.科研机构转制的若干理论问题探讨[J].中国软科学,2000(01):78-79.

[25] 毛彦军,陈文勇."合作实验室"对科研管理工作的影响及对策[J].科学学与科学技术管理,1999(04):21-23.

[26] 曹恒忠,程家喻."九五"以来我国科学技术总体发展现状回顾与展望[J].中国科技论坛,1999(01):13-14.

[27] 樊春良.产业导向的技术科学发展战略研究[J].科研管理,1998(05):41-48.

[28] 陈玉瑞,鲍健强,项浙学.整合科技资源 构建浙江共性技术科技创新体系[J].今日科技,2003(06):10-13,5.

[29] 吴贵生,李纪珍.产业共性技术供给体系研究[J].科学技术与工程,2003(04):379-380.

[30] 王君.促进共性技术有效供给 提高我国自主创新能力[J].宏观经济研究,2006(11):45-49.

[31] 虞锡君.产业集群内关键共性技术的选择——以浙江为例[J].科研管理,2006(01):80-84.

[32] 张聪群.浙江产业集群中产业共性技术的供给和需求[J].宁波大学学报(人文科学版),2007(06):80-85.

[33] 郭晓林,鲁耀斌,张金隆,等.产业共性技术与区域产业集群关系研究[J].中国软科学,2006(09):111-115.

[34] 陈艳莹,姜滨滨.共性技术创新平台与辽宁省企业自主创新能力的提升[J].科技管理研究,2008(02):92-94.

[35] 朱桂龙,彭有福.产学研合作创新网络组织模式及其运作机制研究[J].软科学,2003(04):49-52.

[36] 王雪原,王宏起,刘丽萍.产学研联盟模式及选择策略研究[J].中国高校科技与产业化,2005(11):64-67.

[37] 吕海军,甘志霞.产学研合作创新研究述评及研究展望[J].生产力研究,2005(04):230-232.

[38] 王文岩,孙福全,申强.产学研合作模式的分类、特征及选择[J].中国科技论坛,2008(05):37-40.

[39] 杨永华.广东构建现代产业体系的理论探析[J].广东金融学院学报,2008(06):117-123.

[40] 丛泽,薛澜.基于技术与市场的跨国集成创新模式——跨国公司与我国大学、科研机构的技术合作分析[J].中国软科学,2003(02):108-112.

[41] 涂俊,李纪珍.从三重螺旋模型看美国的小企业创新政策——对美国SBIR计划和STTR计划的比较[J].科学学研究,2006(03):411-416.

[42] 游文明,周胜,冷得彤,丛曙,张煜,杨跃峰.产学研合作动力机制优化研究[J].科学学与科学技术管理,2004(10):9-12.

[43] 杜鹃,李焱焱,叶斌,等.产学研合作模式中存在的共性问题及其对策[J].科技进步与对策,2005(02):123-125.

[44] 周国林.产业共性技术产学研联盟组织模式的述评[J].经济学动态,2010

(04):90-93.

[45] 周国林.产业共性技术形成的需求机理与产业共性技术政策[J].云南社会科学,2010(02):102-106.

[46] 周国林.论产业共性技术的供给机理与产业集群[J].科技管理研究,2010,30(06):214-216.

[47] 周国林.论产业共性技术的供给机理与自主创新[J].湖北社会科学,2009(10):90-92.

[48] 周密,邓向荣.向创新型国家转型的路径选择——层次结构框架下的共性技术分析[J].经济理论与经济管理,2010(01):62-67.

[49] 代谦,李唐.比较优势与落后国家的二元技术进步:以近代中国产业发展为例[J].经济研究,2009,44(03):125-137.

[50] 齐兰.垄断资本全球化对中国产业发展的影响[J].中国社会科学,2009(02):83-97,206.

[51] 李建玲,李纪珍.产业共性技术与关键技术的比较研究——基于北京市科委资助科研项目的统计[J].技术经济,2009,28(06):11-17,66.

[52] 车密,原长弘.转型情境下产学研联盟组合管理初探[J].科技管理研究,2019(02):39-42.

[53] 周源.制造范式升级期共性使能技术扩散的影响因素分析与实证研究[J].中国软科学,2018(01):46-50.

[54] 周国华,谭晶菁.复杂产品关键共性技术供给模式比较研究[J].软科学,2018(06):18-21.

[55] 陈秀英,刘胜.服务业空间转移与粤港澳大湾区协同发展:基于区域专业化视角[J].港澳研究,2018(04):23-26.

[56] 马莉莉,创新大湾区思维.新时代建构粤港澳战略支点体系[J].暨南学报,2018(12):35-38.

[57] 高宏伟,肖广岭.产业技术创新联合主体:概念、类型与特征研究[J].科学学研究,2018(01):41-45.

[58] 樊霞,黄妍,朱桂龙.产学研合作对共性技术创新的影响效用研究[J].科研管理,2018(01):33-36.

[59] 卓丽洪,贺俊.产业集群共性技术供给机制的比较分析[J].经济纵横,2017(07):30-33.

[60] 曹霞,于娟.基于政府治理的产学研创新联盟稳定性研究[J].系统管理学报,2017(09):48-51.

[61] 徐涵蕾.基于演化博弈分析的产业共性技术开发研究[J].科技管理研究,2016(10):35-38.

[62] 刘洪民.制造业共性技术研发的知识管理评价体系构建[J].科研管理,2016(04):15-19.

[63] 熊勇清.战略性新兴产业共性技术开发合作的企业评价[J].科研管理,2014(08):71-74.

[64] 刘洪民.技术创新链视角下我国产业共性技术研发管理创新研究[J].情报杂志,2013(02):25-29.

[65] 邹樵.共性技术扩散的网络与外溢效应[J].管理世界,2011(01):86-88.

[66] 李纪珍.产业共性技术供给和扩散多重失灵[J].科学学与科学技术管理,2011(07):56-59.

[67] 李纪珍.产业共性技术供给和扩散的模式选择[J].科学学与科学技术管理,2011(10):31-35.

[68] 栾春娟.国内外共性技术及其测度研究综述[J].科学学与科学技术管理,2011(04):18-21.

[69] 黄海洋,李建强.美国共性技术研发机构的发展经验与启示[J].科学管理研究,2011(02):55-58.

[70] 陆立军,赵永刚.基于产业共性技术的企业技术创新机理与实证研究[J].经济问题探索,2010(11):23-26.

[71] 谢军.全球价值链中乡镇企业集群共性技术政府供给研究[J].云南社会科学,2010(11):15-19.

[72] 徐端阳,徐峰.产业共性技术的界定与选择方法研究[J].中国软科学,2010(04):62-66.

[73] 李文军,张杰军.我国科学仪器设备产业共性技术创新组织模式探讨[J].创新科技,2010(03):41-44.

[74] 周密. 向创新型国家转型的路径选择——层次结构框架下的共性技术分析[J]. 经济理论与经济管理,2010(01):18-22.

[75] 代谦. 比较优势与落后国家的二元技术进步:以近代中国产业发展为例[J]. 经济研究,2009(03):11-16.

[76] 齐兰. 垄断资本全球化对中国产业发展的影响[J]. 中国社会科学,2009(03):7-11.

[77] 王文岩. 产学研合作模式的分类、特征及选择[J]. 中国科技论坛,2008(05):77-79.

[78] 陈建军. 产业集群的集聚效应——以长江三角洲次区域为例的理论与实证分析[J]. 管理世界,2008(06):6-10.

[79] 张聪群. 产业共性技术"市场失灵"的经济学分析[J]. 科技进步与对策,2007(12):15-18.

[80] 刘子玲. 产业共性技术创新复杂性机理研究[J]. 科研管理,2007(03):8-12.

[81] 李平. 传统产业共性技术平台构建模式研究[J]. 自然辩证法研究,2007(09):28-31.

[82] 梁哨辉. 基于过程和能力的知识管理模型研究[J]. 管理世界,2007(01):33-36.

[83] 胡珑瑛. 产业集聚的分形研究[J]. 管理世界,2007(03):35-38.

[84] 夏振华. 构建传统产业集群共性技术供给体系——一项对比研究[J]. 科学学与科学技术管理,2006(09):22-26.

[85] 虞锡君. 产业集群内关键共性技术的选择[J]. 科研管理,2006(01):11-14.

[86] 薛捷,张振刚. "基于官产学研"合作产业共性技术创新平台研究[J]. 工业技术经济,2006(12):8-11.

[87] 游文明. 产学研合作动力机制优化研究[J]. 科学学与科学技术研究,2004(10):29-33.

[88] 肖峰. 论技术的社会形成[J]. 中国社会科学,2002(11):18-23.

[89] 苏素,肖阿妮. 政府主导型产业共性技术R&D合作组织研究——以电动

汽车产业联盟为例[J].科技进步与对策,2012,29(14):55-59.

[90] 郑月龙,杨柏,王琳.产业共性技术研发行为演化及多重失灵研究[J].科研管理,2019,40(05):164-174.

[91] Kim Changsu. "Creating new technology through alliances: An empirical investigation of joint patents", Technovation, 2017: 461-470.

[92] Awazu Y. "Managing technology alliances: The case for knowledge management", International Journal of Information Management, 2010: 484-493.

[93] Vonortas NS. "Research joint ventures in the us", Research Policy, 2008,26(04): 577-595.

[94] Tao ZG. "On the organization of cooperative research and development", International Journal of Industrial Organization, 2006, 15(05): 573-596.

[95] Howells. "Technology relationship for innovation", Research Policy, 2004, 25(06): 1209-1219.

[96] Tassey G. Policy Issues for R&D Investment in a Knowledge-Based Economy[J]. The Journal of Technology Transfer, 2004, 29(02): 153-185.

图书在版编目(CIP)数据

产业共性技术形成机理与组织管理模式优化研究/周国林,伏开放编著.—上海:复旦大学出版社,2023.9
ISBN 978-7-309-16718-4

Ⅰ.①产… Ⅱ.①周… ②伏… Ⅲ.①产业经济-技术革新-组织管理-研究 Ⅳ.①F26

中国国家版本馆 CIP 数据核字(2023)第 018878 号

产业共性技术形成机理与组织管理模式优化研究
CHANYE GONGXING JISHU XINGCHENGJILI YU ZUZHI
GUANLIMOSHI YOUHUA YANJIU
周国林 伏开放 编著
责任编辑/郭 峰

复旦大学出版社有限公司出版发行
上海市国权路 579 号 邮编:200433
网址:fupnet@fudanpress.com http://www.fudanpress.com
门市零售:86-21-65102580 团体订购:86-21-65104505
出版部电话:86-21-65642845
江苏凤凰数码印务有限公司

开本 787×960 1/16 印张 9.75 字数 149 千
2023 年 9 月第 1 版
2023 年 9 月第 1 版第 1 次印刷

ISBN 978-7-309-16718-4/F・2957
定价:59.00 元

如有印装质量问题,请向复旦大学出版社有限公司出版部调换。
版权所有 侵权必究